Kai von Westerman

Herr Maiwald, der Armin und wir

AF567608

Kai von Westerman

Herr Maiwald, der Armin und wir

In der Werkstatt der Sachgeschichten

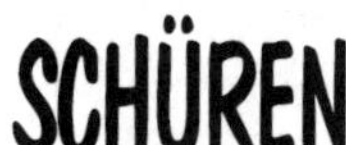

Bibliografische Information der Deutschen Nationalbibliothek
Die Deutsche Nationalbibliothek verzeichnet diese Publikation in der Deutschen Nationalbibliografie; detaillierte bibliografische Daten sind im Internet über http://dnb.d-nb.de abrufbar.

Abbildungsnachweis

Philipp Abresch (S. 89, 95 oben + unten, 99); FLASH Filmproduktion (S. 59, 87, 95 Mitte, 103, 104); FLASH Filmproduktion, Jan Marschner (S. 80, 81); FLASH Filmproduktion, Anna-Lena Vogel (S. 143, 172); Stephan M. Neuhalfen (S. 61); Peter Torringen (S. 136)

Schüren Verlag GmbH
Universitätsstr. 55 | D-35037 Marburg
www.schueren-verlag.de
© Schüren Verlag 2021
Alle Rechte vorbehalten
Gestaltung: Erik Schüßler
Gestaltung Umschlag: Wolfgang Diemer, Frechen; Foto: Kai von Westerman
Druck: Beltz, Grafische Betriebe, Bad Langensalza
Printed in Germany
ISBN 978-3-7410-0399-8

INHALT

VORWORT
ODER: DIE ANDERE SEITE DERSELBEN MEDAILLE
VON ARMIN MAIWALD

Ja, ja, der Kai und ich. Mittlerweile arbeite ich mit ihm länger zusammen als mit jedem Kameramann zuvor. Aber unser Anfang war etwas holprig. Als ich ihn zum ersten Mal kennen lernte, hatte er noch ein paar spärliche Haare (hellblond) und einen dünnen Schnäuzer (auch hellblond). Das war bei der Geschichte mit dem «Fliegenden Schachbrett» (und dem vergessenen Kamera-Akku). Da war er noch Kamera-Assistent. Außerdem war er noch ein wenig übereifrig, wollte wahrscheinlich keine Fehler machen, was sich dadurch kundtat, dass er etwas vorlaut war. Das ist halt bei jungen Leuten so, wenn manchmal auch ein wenig nervig.

Als er dann später als Kameramann bei uns arbeitete, waren die Haare und der Schnäuzer weg. Die Glatze wurde sein Markenzeichen. Bei Sonnenschein durch eine Mütze geschützt. Und wir mussten uns erst zusammenraufen. Er hatte es auch wirklich nicht leicht mit mir. Ich hatte bis zu diesem Zeitpunkt schon mit zahllosen erfahrenen Kameraleuten gedreht, zum Teil noch mit solchen, die die Stummfilmzeit noch mitgemacht hatten. Und jetzt kam da ein Neuer. Was Kai bis dahin gelernt hatte, waren Nachrichtenbilder. Aus dieser Zeit hat er auch heute noch jede Menge Anekdoten über Politiker und Pressekonferenzen parat. Gelegentlich lässt er davon eine vom Stapel und wir lachen uns schlapp.

Aber bei uns kamen nun ganz andere Anforderungen auf ihn zu. Dinge, um die er sich vorher nicht kümmern musste. Vor allem das Denken in dramaturgischen Zusammenhängen und Erzählbögen in einer längeren Geschichte. Davon ist bei den ‹NiFs› (Nachrichten im Film) kaum etwas vonnöten. Und wohlgemerkt: alles auf ‹richtigem› Film, mit Perforationslöchern und so, nicht auf Elektronik mit Kontrollmonitor, wo man alles sofort kontrollieren kann. Da muss man sich komplett auf den Kameramann verlassen, denn er ist der Einzige, der wirklich das sieht, was später für alle zu sehen sein soll.

Und was haben wir ihm nicht alles vor die Füße geworfen: Zeitraffer, Zeitlupen, knifflige Modellaufnahmen, Mikroskopaufnahmen, Animationen von Serienfotos (Beispiel: «Was macht Vitamin C in meinem Körper» ...), unmögliche Kamerapositionen (hoch oben im Hubschrauber in der offenen Tür hängend) oder tief unter der Erde (im Abwasser oder im Gully oder auch in der Dekoration «Dünndarm»). In dampfenden und stinkenden Fabriken oder in solchen, wo man sein eigenes Wort nicht versteht. Und überall sollten es die richtigen (ich sage immer «zweckdienlichen») Bilder sein. Bilder, die dem «Zweck» «dienen», eine Geschichte spannend zu erzählen. Außerdem sollte er sich noch mit alten analogen Filmtricks auskennen, mit denen er im Nachrichtengeschäft nie etwas zu tun hatte.

Wir mussten auch erst ein Gefühl füreinander entwickeln, was der Eine meint, wenn er etwas sagt. Denn unsere Sprache (das Einzige, womit wir uns verständigen können) ist eine unerschöpfliche Quelle für Missverständnisse, und die waren anfangs nicht ausgeschlossen (Beispiel «Bauerntheater»). Und «den Augenblick der Wahrheit», also den Take beim ersten Versuch ‹in den Kasten zu kriegen› mussten wir uns erst erarbeiten.

Möglicherweise auch eine Art Allergie bei mir, aus der Zeit meiner eigenen Ausbildung. Ich war zum Klappe-schlagen eingeteilt und fuhr mit einem WDR-Team ins Ruhrgebiet. Dort sollte eine Episode von «Kumpel Anton und Cerwinski» (zwei Witzfiguren aus dem Ruhrgebiet) gedreht werden. Selbstredend auf Film.

Drehort war eine Wohnküche mit einer unglaublichen Atmosphäre, «echtes Ruhrgebiet», einfach toll und nicht zu erfinden. Der damalige Kameramann fing damit an, die Lampe über dem Küchentisch wegzuhängen, dann den Küchenschrank rauszutransportieren, das Fenster zu verhängen, dann Licht zu setzen, darauf fingen alle Kacheln an, zu glänzen. Und immer so weiter. Damals dachte ich, (ich war ja noch ganz neu) das müsste wohl so sein, aber ich fand es jammerschade. Und weil ich lernbegierig war, habe ich mir das fertige Stück dann in der Sendung angeschaut. Es war grauenhaft.

Die ganze ehemals wundervolle Stimmung war im Eimer, das hätte man ebenso gut in einer Studioecke drehen können. Und ich schwor mir schon damals: Sollte ich jemals in die Verantwortung kommen (damals war noch nicht ansatzweise zu erwarten, dass aus mir irgendwann mal ein Regisseur werden könnte), so etwas darfst du nie, nie, nie machen. Daher mein Spruch «Fernsehen verändert die Wirklichkeit».

Und so musste ich mit Kai auch erst darauf hinarbeiten, die Stimmung eines jeden Drehortes so weit wie nur eben möglich zu erhalten. Eine Gratwanderung zwischen «gerade mal so hell, dass das Filmmaterial exponiert» und «studiomäßige Ausleuchtung» und dabei immer im Hinterkopf behalten: die technische Abnahme beim Sender, der immer alles gerne so hell und freundlich haben will, wie bei Sonne in der Südsee, und scharf von hier bis zum Nordpol. Bei jedem Dreh eine neue Herausforderung.

Und der «erste Versuch» ist uns mittlerweile in Fleisch und Blut übergegangen. Aber wenn Kai dann kommt und eine «Bildverbesserungsmaßnahme» vorschlägt, höre ich auf ihn und lasse ihn machen. Wenn wir uns dann nach dem Dreh – manchmal mit einigen Tagen Abstand – die Bilder im Schneideraum anschauen, ist es nicht selten so, dass wir trotz der Bildverbesserung den ersten Versuch nehmen. Der hat oft mehr Schwung oder auch «Wahrheit», selbst wenn er nicht 100%-ig perfekt ist (was Kai selbstverständlich anstrebt).

Nach den vielen Jahren der Zusammenarbeit können wir uns mittlerweile blind aufeinander verlassen. Kai ist «meine Augen». Selbst wenn ich mit dem Rücken zu ihm stehe, weiß ich immer, was er gerade vor der Linse hat. Und wenn er «geschnitzelt» sagt, bin ich sicher, dass alles in Ordnung ist. Durch den Kamerasucher zu schauen, das mache ich nur ausnahmsweise oder wenn wir uns nicht sicher sind, dass wir uns richtig verstanden haben.

Und wenn bei Kai mal was schiefgeht (was wirklich sehr, sehr selten vorkommt), verlässt er sich darauf, dass ich das schon wieder «hingebügelt» bekomme.

Wir beide wissen voneinander, dass wir an einem Strick ziehen, und zwar in die gleiche Richtung. Unser «Strick» heißt: eine gut in Bildern erzählte Geschichte.

Auch wenn er mich manchmal als «grummelig» bezeichnet, (selbstverständlich hat er das Recht auf diese kritische Distanz) so will ich eigentlich gar nicht brummig sein. Ich bin dann meist in Gedanken schon beim nächsten, übernächsten oder überübernächsten Schritt. Oder beim nächsten Projekt, man kann seine Gedanken halt nicht einfach abschalten. Erst recht nicht, wenn man hochkonzentriert beim Drehen ist.

Ansonsten haben sich alle Episoden, von denen er erzählt, genau so abgespielt.

Jedenfalls freue ich mich schon auf den nächsten Dreh mit ihm.

Armin Maiwald

1
WAS IST EINE SACHGESCHICHTE?

«Womit verdienst du eigentlich dein Geld?», wollte mein zukünftiger Schwiegervater von mir wissen.

Er war über Nacht mit dem Zug aus Warschau nach Köln gekommen. Wir verstauten seinen kleinen Koffer in einem Schließfach. Jetzt standen wir auf dem Bahnhofsvorplatz. Der steinerne Boden warf das grelle Licht der strahlenden Morgensonne zurück. Mein Schwiegervater blinzelte. Der kleine, kräftige Herr mit dem braungebrannten Gesicht und den weißen Haaren war nur für wenige Tage hier bei uns in Deutschland. Er wollte den Kölner Dom sehen und die Grabkapelle der ersten polnischen Königin Richeza. Er wollte das alles gleich erledigen, ohne sich erst von der unbequemen Reise zu erholen.

«Der erste Eindruck ist wichtig», erklärte der alte Mann, «Ich bin Reporter und kein Tourist.»

Er war viel gereist, hatte von Jerewan aus den Berg Ararat gesehen, war mit Hirten durch die kasachische Steppe gewandert, und in Georgien war er der Herkunft des Diktators Stalin nachgegangen.

Jetzt wollte er wissen: «Wer ist dieser Maiwald, für den du arbeitest?»

Es war nicht weit vom Dom ins Eigelsteinviertel.

Von der gegenüberliegenden Seite der engen Straße zeigte ich ihm das schmale sechsstöckige Haus, in dem Armin Maiwalds «FLASH Filmproduktion» untergebracht war.

Mein Schwiegervater schaute an der weißen Fassade hoch.

«Das ganze Haus?», fragte er.

«Die drei unteren Etagen, darüber sind Wohnungen, ganz oben wohnt der Chef. Wie ein Handwerksmeister über seiner Werkstatt.»

Da ging unten im Haus die Tür auf.

«Kommt doch rein», rief Nicola, die Produktionsleiterin und winkte uns heran. Nicola, Armin, sein Regieassistent und der Azubi hatten uns durch die großen Fenster im Erdgeschoss gesehen. Sie saßen gerade am runden Tisch im Foyer, tranken Kaffee und besprachen etwas.

Armin legte seine Zigarette im Aschenbecher ab.

Ich stellte meinen Schwiegervater und Armin einander vor. Sie waren fast gleich alt und hatten einen ähnlichen Beruf.

Mein Schwiegervater bewunderte kurz die zahllosen, säuberlich gerahmten Urkunden, welche die Wände des hohen Raumes bedeckten, nickte anerkennend und bemerkte auf polnisch: «Auch ich wurde für meine Arbeiten mit zahlreichen nationalen und internationalen Preisen ausgezeichnet.»

Ich übersetzte.

Armin grinste. Er tat gerne so, als wären ihm seine Auszeichnungen allesamt völlig wurscht.

Nachdem sich die beiden weißhaarigen älteren Herren auf diese Weise ein Bild voneinander gemacht hatten, verabschiedeten wir uns wieder.

Auf dem Weg zum Bahnhof ließ sich mein Schwiegervater erklären, welche Art Filme Armin Maiwald drehte: «Fast jeder in Deutschland kennt seine kurzen Filme für DIE SENDUNG MIT DER MAUS», erläuterte ich. «Diese Filme sollen Kindern Alltagsdinge erklären, wie etwas geht oder funktioniert, wo etwas herkommt oder wie es gemacht wird. Man nennt diese Filme **Sachgeschichten**.»

Meine Braut übersetzte den Begriff dieses Filmgenres: «Dokumentarische Erzählungen über alltägliche Dinge».

«Und was soll das sein: alltägliche Dinge?», bohrte der alte Reporter aus Polen nach, während wir uns auf den engen Gehsteigen zwischen parkenden Autos und Passanten hindurch drängelten.

«Die Filme beantworten solche Fragen wie: ‹Warum fliegt ein Flugzeug?› oder ‹Wie kommen die Löcher in den Käse?›, manche Filme zeigen, was jemand in seinem Beruf arbeitet. Es gibt Filme über alle Themen: von Atomkraft bis Zuckerwürfel, auch über den Tod.»

Ich hob den Zeigefinger und erklärte: «Diese Filme zeigen nur, was ist. Sie bewerten nicht.»

«Und warum *mit der Maus?*», fragte mein Schwiegervater.

«Weil zwischen den Filmen immer kurze Zeichentrickfilme mit einer orangefarbenen Maus gezeigt werden.»

Als wir schon auf dem Bahnsteig warteten, sagte mein Schwiegervater: «Ich habe eine andere Idee, wie man über die Alltagswelt der Erwachsenen erzählen könnte. In meinen Filmen würde eine weise Eule den Kindern die Dinge erklären ...»

Der Fuchs ist listig, der Wolf ist böse und Schafe sind dumm. Die Eule wird in manchen Kinderbüchern mit Brille und Buch dargestellt, oder als Lehrer in der Schule der Waldtiere.

Als ich Kind war, gab es im deutschen Fernsehen tatsächlich einen Vogel, der in kleinen Filmen die Alltagswelt der Erwachsenen erkundete. Ob es ohne diesen Vogel die **Sachgeschichten** gäbe?

Dieser Fernsehvogel war keine Eule.

Unser Vogel war der Vertreter einer ziemlich gewöhnlichen Art: Klein, graubraun gefiedert, flink und ohne Scheu. Diese Vogelart gab es auf dem Land genauso zahlreich wie in der Stadt. Und gerne da, wo Menschen sind. Es war ein Spatz.

2
WER WAR «DER SPATZ VOM WALLRAFPLATZ»?

Ob er manchmal noch in der alten Platane sitzt?

Am Wallrafplatz, mitten in Köln, gleich neben dem Funkhaus, nicht weit vom Dom. Längst sucht ihn keiner mehr. Die Jüngeren kennen ihn nicht und für die Älteren ist er nur eine Erinnerung: an ausgedehnte Kindernachmittage zwischen Schularbeiten und draußen spielen.

Neulich war ich mit meinem Sohn in Köln. Wir gingen gerade an der mächtigen Betonfassade des Funkhauses entlang. Der grau gepflasterte Platz war von hohen Häuserfronten umschlossen. Der Zehnjährige suchte die Geschäfte nach einer Eisdiele ab. Ich legte dem Jungen eine Hand auf die Schulter, nötigte ihn sanft, stehen zu bleiben und zeigte ihm, wo der SPATZ VOM WALLRAFPLATZ sein Nest hatte.

Das einzige Runde auf diesem viereckigen Platz war die steinerne Einfassung des Beetes, aus dem die alte Platane wuchs. Die Äste ihrer weit ausladenden Baumkrone beherrschten den Platz.

Da saß der Spatz!

Er sah aus, als wäre er aus zwei bräunlichen Wollknäueln zusammengesetzt: Ein kleineres Wollknäuel als Kopf, mit spitzem Schnabel aus grauer Pappe; große schwarze Knopfaugen, weiß hinterlegt, neugieriger Blick. Das zweite, dickere braune Wollknäuel bildete den Rumpf des Spatzen, daran zwei kurze Flügel wie aus bunten Flicken.

Er flatterte davon. Wie aufgescheucht.

War ein echter Spatz.

«Hast Du ihn gesehen?», fragte ich meinen Sohn.

«Wen?»

«Den Spatz! Den Spatz vom Wallrafplatz», lachte ich.

«Da drüben gibt's Eis», sagte mein Sohn.

«Als ich so alt war wie du, da gab's den Spatz im Fernsehen. Er wohnte in einem Nest da oben in der Platane und beobachtete die Menschen auf dem Platz. Die Männer von der Müllabfuhr, zum Beispiel. Denen ist er hinterher geflogen und hat zugeguckt, wie die arbeiten. Das war interessant. Wir Kinder konnten ja nicht einfach hinter der Müllabfuhr her auf die Kippe.»

«Machen wir auch nicht», sagte mein Sohn, «Dafür gibt's DIE SENDUNG MIT DER MAUS.»

«Der Spatz war natürlich kein echter Spatz», erklärte ich, «sondern eine kleine Marionettenfigur mit großen Knopfaugen. Er konnte sprechen, er berlinerte, seine Stimme war rau und näselnd. Er war frech, quatschte wildfremde Leute an: einkaufende Passanten vor der Bäckerei, Straßenkehrer, Polizisten. Weil er ja (an feinen Fäden geführt) fliegen konnte, folgte er den Menschen vom Platz an alle möglichen Orte. So ein Spatz ist ja klein, der kann durchs offene Fenster in ein Büro hineinfliegen und wieder heraus.»

Zweifelnd blinzelte mein Sohn mich mit seinen grünen Augen von unten an: «War dieser Spatz nun eine Marionette aus Wollknäueln oder war der ein lebendiger Vogel und die ham ihn so gefilmt als ob ...?»

«Der Spatz *war* eine Marionette», erklärte ich auf dem Weg zur Eisdiele, «eigentlich ...»

... wenn der SPATZ VOM WALLRAFPLATZ nicht gewesen wäre, hätte Armin Maiwald in den vergangenen drei Jahrzehnten mit einem anderen Kameramann gedreht.

«Ich möchte zwei Kugeln», sagte mein Sohn, «Zitrone und Schokolade.»

3
WIE DIE WIRKLICHKEIT INS KINDERFERNSEHEN KAM

«Was haben wir früher eigentlich ohne dieses Gerät gemacht?», fragte mein Vater eines Sonntags. Er meinte unseren Fernseher. Der stand erst seit wenigen Monaten in unserem Wohnzimmer. Bei anderen Familien gehörte der Fernseher schon lange zur Einrichtung.

Eines Morgens, während der Sommerferien, holten die Eltern meine Geschwister und mich im Morgengrauen aus dem Bett. Ich stand im rotweiß gestreiften Frottee-Bademantel vorm Fernseher. Wir sahen unscharfe, verrauschte Schwarzweißbilder. Es war ihnen anzusehen, dass sie aus überirdischer Entfernung kamen. Ich hörte unverständliche Funksprüche. Das war amerikanisch. Die erste Mondlandung.

Nach jenen Sommerferien kam ich in die dritte Klasse. Damals wurde im Fernsehen an jedem Nachmittag Programm für Kinder gesendet. Sonntags saßen wir manchmal den ganzen Tag vorm Fernseher. Nach dem Frühstück wurde eingeschaltet und von da ab durchgehend ferngesehen: DIE KLEINEN STROLCHE, FLIPPER… hauptsächlich amerikanische Fernsehserien. Abends, vor den Nachrichten kam BONANZA, anschließend Schulranzen packen, Abendbrot, ins Bett.

Im Kinderfernsehen damals kam die Welt unserer Umgebung nur selten vor.

Viele Kindersendungen wurden aus Fernsehstudios übertragen. Wir sahen einfache Shows vor Pappwänden, fürs Bild gebaut und aufgestellt. Es gab Lieder und Bastelanleitungen, Märchentanten, und Ratespiele mit Moderatoren in Anzug mit Krawatte.

Oft spielten in diesen Sendungen Marionetten oder Handpuppen mit. Es schien, als könnten diese Puppen sich im Studio frei bewegen.

Zum Beispiel kannten alle diesen frechen Hasen, der aussah, als hätte er ein altes, abgeliebtes Fell von verwaschener, graubrauner Farbe. Der Hase war eine Handpuppe mit Klappmaul, hatte riesige Ohren und ein ziemlich vorlautes Mundwerk mit zwei großen Schneidezähnen. Er hieß Cäsar. Zusammen mit dem Tontechniker Arno präsentierte der Hase aktuelle Schlagerplatten. Er sagte die Platten an, quatschte oft in die laufende Musik hinein und schwatzte mit dem Tontechniker: «Du, Arnooo ...?»

Ständig klopfte der Hase Cäsar Sprüche. Er war frech zu den Schlagersängern, die als Studiogäste auftraten, manchmal sogar unverschämt. Währenddessen zappelte er durchs Studio. Abwechselnd tauchte er vor und hinter dem Tonmischpult auf.

Auch wenn man das nie sah, wussten wir, dass dieser Stoffhase genau wie beim Kasperletheater von einem Puppenspieler geführt wurde, der außerhalb des Bildes hockte. Und irgendwie ahnten wir, dass dieses Mischpult mit Tonbandmaschinen und Plattenspielern Teil einer Studiokulisse war.

Die Sendung hieß SCHLAGER FÜR SCHLAPPOHREN. Alle guckten sie gerne.

Aber im Grunde war dieses ganze Kinderfernsehen nichts anderes als Kasperletheater.

Es waren die Jahre, in denen ich gebannt eine Mondlandung nach der anderen im Fernsehen verfolgte. Schließlich wurden die Spaziergänge der Astronauten auf der Mondoberfläche sogar in Farbe gesendet. Die Bildqualität war nicht schlechter als die der Liveübertragungen von der Fußballweltmeisterschaft in Mexiko.

Wir sahen im Fernsehen, wie Astronauten mit kirchturmhohen Raketen starteten. Wir erfuhren, dass sie die Erde mit der Geschwindigkeit einer Gewehrkugel verlassen mussten, um den Mond erreichen zu können.

Zu eben dieser Zeit kam die Redaktion des Kinderprogramms beim Westdeutschen Rundfunk auf die Idee, ihre Studios zu verlassen und Filme zu drehen, die das echte Leben zeigen sollten. Ohne Kulissen, nicht nur mit Schauspielern, sondern vor allem mit Menschen, die auch in Wirklichkeit an Ort und Stelle lebten und arbeiteten. Man merkte den Unterschied sofort, weil diese Menschen oft nicht so deutlich sprachen, wie die Figuren in den Fernsehserien. Wenn sie redeten, klang das häufig ähnlich wie die Gespräche der Monteure, die gestern bei uns im Keller die Heizung geprüft hatten.

Die Menschen in den Filmen ohne Kulissen waren fest in der westdeutschen Wirklichkeit verwurzelt. In unserer Wirklichkeit.

Die Schule langweilte mich. Ich hatte größte Mühe, mich auf die Hausaufgaben zu konzentrieren. Manchmal gingen ganze Nachmittage dabei drauf. Meine Mutter versuchte mit verschiedenen Tricks, mich zu motivieren. Sie ließ mich meine Schulaufgaben im Wohnzimmer machen. Da hatte sie mich im Blick. Vielleicht hatte sie manchmal auch Mitleid.

Jedenfalls baute sie eines Tages das Bügelbrett im Wohnzimmer auf und schaltete den neuen Fernseher ein. «Es gibt so eine Sendung mit einem Spatzen», sagte sie, « Mach' jetzt mal eine Pause. Der Film dauert eine halbe Stunde. Danach arbeitest du weiter, ja?»

Als Bügelhilfe schätzte meine Mutter das Fernsehen sehr bald – aber ob es als Hausaufgabenhilfe taugte?

Der erste Film mit dem Spatzen begann mit einem Blick in sein Nest. Es schien vor allem aus Lumpen zu bestehen. Auch Drahtreste, Stahlfedern, bunte Kabel und Fetzen von Brötchentüten waren darin verbaut – Sachen, die einer im Abfall der Stadt finden konnte. Das Nest klemmte in einer Astgabel des Baumes auf einem Platz mitten in der Stadt. Darin lag der Spatz und schlief. Eine Marionette aus Wollknäueln, Draht und Pappe. Bei Marionetten waren wir anspruchsvoll – durch die AUGSBURGER PUPPENKISTE waren wir regelrecht verwöhnt. Der schlafende Spatz im Nest schien ruhig und langsam zu atmen. Das sah echt aus.

Die Uhren der Geschäfte am Platz zeigten sechs Uhr morgens an. Der Tag war schon hell, das Licht aber grau und konturlos. Kirchenglocken begannen zu läuten, der Dom war in Sichtweite. Das Läuten weckte den Spatz. Der Lärm ärgerte ihn.

Die Marionette reagierte auf die Wirklichkeit ihrer Umgebung.

Weil jede Fernsehsendung von einer Ansagerin angekündigt wurde und durch minutenlange Schrifteinblendungen wie «Wir schalten um ...», «Sendepause» oder «Störung», war uns klar: Fernsehen wird *gemacht*.

Beim SPATZ VOM WALLRAFPLATZ haben die Fernsehmacher den gespielten Teil ihrer Erzählung mit der Wirklichkeit verbunden. Unten auf dem Platz fuhr ein Radfahrer vorbei. Sein Fahrrad quietschte.

Genervt zeterte der Spatz: «Der soll sein Fahrrad ölen!»

Wenn man sich das heute anguckt, entsteht der Eindruck: Die Filmemacher probierten aus, wie man glaubwürdige Berührungspunkte zwischen

Inszenierung und Wirklichkeit schafft. Sie nutzten den städtischen Platz wie eine Bühne, begrenzt von Häusern. Das Spatzennest war ein Logenplatz, von dem aus man alles rundherum beobachten konnte. Der Spatz konnte seine Loge einfach verlassen, schnell zu jeder Stelle des Platzes flattern und sich in das Geschehen auf der Bühne mischen.

Da lag am Straßenrand ein Haufen Abfall. Der Dreck sah aus, als hätten die Filmleute ihn da hingelegt: Inszenierung.

Die Spatzenmarionette flatterte herbei, um zu schauen, ob sich im Abfall etwas essbares zum Frühstück fände.

Dreck als Ausweis der Wirklichkeit. Und die Marionette mittendrin.

Der Spatz pickte also am Fahrbahnrand im Dreck herum. Aus dem Hintergrund näherte sich die Stadtreinigung mit einem orangefarbenen Sprengwagen. Der spritzte die Straße nass. Im Vordergrund suchte der Spatz nach Krümeln. Der Sprengwagen kam näher. Im letzten Moment hüpfte der Spatz beiseite. Der Sprengwagen fuhr knapp an ihm vorbei, der Spatz wurde nass. In Großaufnahme. Die Marionette wurde tatsächlich geduscht, von einer echten Straßenreinigungsmaschine. Da berührte die Wirklichkeit die Inszenierung.

In den ersten Folgen der Serie flatterte der Spatz ständig nahe am Hauptgebäude des Senders herum. Man konnte regelrecht zugucken, wie die Filmemacher sich vorsichtig immer weiter hinauswagten mit ihrer neuen Filmfigur.

Der erste größere Ausflug des Spatzen endete allerdings wieder in einem Fernsehstudio. Die Studios des WDR waren über die ganze Kölner Innenstadt verteilt.

Am Pförtner vorbei hüpfte der neugierige Spatz durch die offene Tür hinein. Im Studio: Stille. Alles dunkel. Nur das Putzlicht war eingeschaltet.

Der Besuch in diesem Studio war wie ein Abschied vom bisherigen Kinderfernsehen. Der Spatz flog hoch bis unter die Studiodecke und setzte sich auf einen dunklen Scheinwerfer. Er guckte hinunter und bemerkte: «Kommt mir so bekannt vor … Na klar! Das ist doch das Mischpult vom Hasen Cäsar …»

Die Dekoration stand verlassen. Niemand da.

Kein Wunder: Der Regisseur der Sendung mit dem Hasen Cäsar war derselbe gewesen wie der bei den Filmen mit dem Spatz.

Aber das wusste ich damals noch nicht.

4
WENN KINDER FERNSEHEN

Auf dem Pausenhof der Grundschule schwatzten wir Schüler eher über Serien, die eigentlich für Erwachsene gemacht waren: DAKTARI, BONANZA und RAUMSCHIFF ENTERPRISE. Nachmittags, auf den Wiesen zwischen den Wohnhäusern unserer Siedlung, spielten die Nachbarskinder und wir die Abenteuer der Serienfiguren nach: Wir fantasierten uns in die afrikanische Wildnis, in staubige Westernstädte oder ins Weltall, weit weg von Schule und Alltag.

Im Gegensatz dazu weckten die Abenteuer des Spatzen keine Sehnsucht – eher die Überlegung, ob man eines Tages lieber Briefzusteller, Meteorologe oder Kameramann werden wollte.

Der Spatz machte mit seiner näselnden Stimme zu allem Bemerkungen, passende und unpassende, sprach aus, was er dachte, war oft ironisch.

In allen Fernsehserien hatten die Hauptfiguren so unverkennbare Stimmen, dass man wusste, wer sprach – auch wenn man die Figur nur hörte und nicht sah. Das lag einerseits an deren Sprechweise – wie bei Mister Spock, dem ersten Offizier im RAUMSCHIFF ENTERPRISE, in dessen Sätzen sich immer eine Art Skepsis andeutete – oder es lag am Klang, wie bei dem weißhaarigen Rancher Ben Cartwright, dessen rauchiger Bass tönte wie ein grob gezahntes Sägeblatt, das einen großen hohlen Holzschrank zersägt.

Die Stimmen der Kommentatoren von Nachrichtenfilmen oder Magazinbeiträgen sprachen wie gedruckt und so gleichgültig, als wären sie unbeteiligt an dem Film, den die Zuschauer sahen.

Als ich in der vierten Klasse war, tauchten im Programm die SACH- UND LACHGESCHICHTEN FÜR FERNSEHANFÄNGER auf. Diese Sachgeschichten zeigten zum Beispiel, wie ein Löffel hergestellt wurde. Ganz trocken, Arbeitsschritt für Arbeitsschritt. Ohne Kommentar. Nur Filmaufnahmen und ein paar Töne Musik. Diese kurzen Filme waren, als stünden sie mit dem Rücken zum übrigen Programm. In diesen Sachgeschichten gab es keine Handpuppen oder Marionetten. Diese Filme stießen einen mit der Nase auf die nächste Umgebung: auf Brötchen, Löffel, Schuhe ...

Sie stellten Dinge in den Mittelpunkt. Wenn man Menschen sah, dann hatten sie mit der Herstellung oder Nutzung dieser Dinge zu tun.

Später gab es Filme, in denen eine helle und klare männliche Stimme Gegenstände benannte, die im Bild zu sehen waren. Nur Stichworte und Begriffe, höchstens einzelne Sätze. Wie Bildunterschriften in der Zeitung.

Manche Filme zeigten, wie Kinder sich im Straßenverkehr verhalten sollen. Nur am Ende sagte der Sprecher etwas:

«Kinder sitzen im Auto hinten. Dann werden sie nämlich beim Bremsen von der Sitzlehne aufgefangen.»

Anschnallgurte im Auto waren damals noch nicht üblich.

5
BEZUGSPUNKT: WIRKLICHKEIT

Das klang nach gelber Gummi-Ente in der Badewanne: *Fliewatüüt*. Kindisch. Für solche Fernsehsendungen fühlten mein kleiner Bruder und ich uns zu alt.

Weil Mediathek, Video on Demand und DVDs noch nicht erfunden waren, wurden erfolgreiche Sendungen im Fernsehen öfter wiederholt.

Bei uns zuhause lag die Zeitschrift mit dem Fernsehprogramm auf dem niedrigen Couchtisch im Wohnzimmer. Unsere große Schwester sorgte dafür, dass jeweils die Seite mit dem entsprechenden Wochentag aufgeschlagen war. Mit Kugelschreiber markierte sie die Sendungen, die sie angucken wollte. Das war immer dann blöd, wenn sie etwas im zweiten Programm sehen wollte, während es gleichzeitig im ersten Programm eine Sendung gab, die uns Brüder interessierte.

Zur ersten Wiederholung der Serie ROBBI, TOBBI UND DAS FLIEWATÜÜT gab es in der Fernsehzeitschrift ein Bild. Auf dem Foto war eine Art Hubschrauber abgebildet. Vorne am Rumpf waren Scheinwerfer angebracht, wie an einem Sportwagen. Statt Landekufen war unter dem grauen Rumpf ein stabiles Fahrwerk montiert. Neben diesem Hubschrauber stand ein Junge in rotem Pullover. Aus seinem Holzkopf wuchsen strubbelige blonde Haare. Eine Marionette.

Gut, wir guckten ja auch AUGSBURGER PUPPENKISTE.

Also schalteten wir diesmal ein. Der Hubschrauber interessierte uns.

Die Geschichte handelte von Tobbi. Das war der Junge mit den blonden Haaren und dem roten Pullover. Drittklässler.

Wie mein kleiner Bruder.

An den Wänden in Tobbis Zimmer hingen Zeichnungen und Pläne eines Gefährts, das fliegen, schwimmen und fahren konnte. Tobbi nannte das Gefährt «Fliewatüüt». Er hatte es selbst erfunden.

Auf die Idee mit so einem Flugbootauto wäre ich auch gerne gekommen.

Eines nachts bekam Tobbi Besuch von Robbi, einem Roboter, der die dritte Roboterklasse besuchte. Der erklärte, dass er das «Fliewatüüt» gebaut hätte: «Steht im Garten.»

Tatsächlich! Das Gefährt sah aus wie ein großes Ei aus grauem Leichtmetall. Die Vorderseite bestand aus einer großen gewölbten Scheibe. Dahinter waren zwei Sitze und Steuerknüppel zu erkennen. Es stand auf einem dreirädrigen Fahrwerk. Obendrauf hatte das «Fliewatüüt» einen Rotor, wie ein Hubschrauber.

Robbi und Tobbi flogen, schwammen und fuhren im «Fliewatüüt» über die Nordseeküste und das Meer bis zum Nordpol und von da über Schottland wieder nach Hause. Sie mussten drei Prüfungsaufgaben für Roboter der dritten Roboterklasse lösen.

Alle Figuren wurden von Marionetten dargestellt. Aber die Landschaften um sie herum waren echt. Auch die Luftaufnahmen. Puppenspiel und Wirklichkeit vermischten sich. In der AUGSBURGER PUPPENKISTE waren sowohl die Marionetten als auch die Hintergründe aus Holz und Pappmaché.

Im Film verging viel Zeit damit, dass man das «Fliewatüüt» fliegen sah, über Wälder, kleine Städte, um den goldenen Hahn auf der Spitze eines Kirchturmes herum. Weiter über Industrieanlagen, an einem breiten Fluss entlang. Es gab viel Zeit, den Flug mit Robbi und Tobbi zu genießen.

Vor der dritten Wiederholung strichen *wir* die Sendetermine in der Programmzeitschrift an – diesmal waren wir schneller.

Bilder aus dem Fernsehen konnten wir nicht aufzeichnen. Aber Tonaufnahmen konnten wir schon selber machen – wir hatten einen Kassettenrekorder mit externem Mikrofon. Das benutzte man hauptsächlich, um seine Lieblingsmusik aus dem Radio aufzunehmen. Auch die Titelmelodien der Fernsehserien, die wir am liebsten guckten, haben wir aufgenommen. Wir hatten eine eigene Tonbandkassette nur für Fernsehmelodien: ABENTEUER IM REGENBOGENLAND, MINI-MAX …

Bei ROBBI, TOBBI war die Musik ein Teil der Erzählung. Deshalb nahmen wir von allen vier Folgen den gesamten Ton auf. Dazu stellte ich vor jeder Sendung einen kleinen Tisch neben dem Fernseher auf. Auf den Tisch stellte ich das kleine röhrenförmige Mikrofon und richtete es auf den Lautsprecher neben dem Fernsehschirm. Das Mikrofonkabel führte unter den Tisch. Es war mit dem Kassettenrekorder verbunden, der auf dem Teppich stand. Sobald die Fernsehansagerin fertig war, drückte ich am Recorder gleichzeitig die Tasten ‹Record› und ‹Play›. Den Rest der Familie hatte ich angewiesen, sich während der Sendung gefälligst ruhig zu verhalten – in der ganzen Wohnung, bitteschön.

Eines Tages lief im Fernsehen ein kurzer Film mit dem Titel WIE DAS FLIEWATÜÜT FLIEGT. Am Anfang des Filmes ging es darum, wie man ein Modell des Gefährts konstruiert, das für Filmaufnahmen brauchbar war.

Die erste Szene zeigte zwei schlanke Typen in Jeans und Pullover. Sie standen in einem Büro. An der Wand hinter ihnen hingen Pläne, auf dem Tisch vor ihnen lagen Skizzen ausgebreitet. Die beiden schlanken Typen beugten ihre Köpfe so tief über die Pläne, dass man ihre Gesichter kaum sehen konnte. Man konnte aber erkennen, dass sie beide Brillen trugen, der Typ links im Bild hatte dunkle Haare, der rechts stehende hatte schulterlange aschblonde Haare. Der Kommentator erklärte knapp: «Regisseur Armin Maiwald und Szenenbildner Wolfgang Schünke überlegen, wie es wohl funktionieren könnte.»

Einen Regisseur hatte ich mir anders vorgestellt: Älter. Dicker. Irgendwie mächtiger.

Aus dem Dialog zwischen den beiden Filmleuten erschloss sich, dass es Probleme gab mit dem Rotorkopf des Fluggerätes. Der mit den schulterlangen Haaren schien der Regisseur zu sein. Der Szenenbildner erklärte ihm, wie er sich die Konstruktion vorstellte.

Der langhaarige Regisseur hatte eine Frage. Er ließ sich vom Szenenbildner den Bleistift geben, kritzelte einen kleinen Kreis auf den Rand der Konstruktionszeichnung und erklärte: «Also, von oben gesehen sieht das doch so aus: Hier ist das Gelenk, wo die Achse drin ist», dann zeichnete er eine dicke gerade Linie, die von dem Kreis wegführte und sagte: «Dann ist doch hier dieser dünne Pinnüssell da ...»

So drückte sich dieser dünne, langhaarige Regisseur aus. Echt locker. *Pinnüssell.*

So einen Ausdruck benutzte keiner unserer Lehrer.

Ich war beeindruckt.

In dem Film wurden viele Werkstätten und Büros gezeigt.

Wir sahen diesen langhaarigen Regisseur im Gespräch mit anderen Mitarbeitern seines Teams. Diesmal saßen sie um einen Tisch herum. Wieder lagen Pläne und Papiere mit Skizzen vor ihnen. Sie besprachen eine Trickaufnahme. Die Mitarbeiter machten dem Regisseur Vorschläge, wie sie einen Filmtrick durchführen wollten. Dann sahen wir, wie der Regisseur das Ergebnis der Besprechung seinem Kameramann erklärte. Immer ging es darum, die Aufnahmen vom Modell des «Fliewatüüts» im Studio mit den Aufnahmen einer wirklichen Umgebung draußen in der Landschaft abzustimmen.

Am Ufer einer Talsperre bauten die Filmleute einen meterhohen Leuchtturm aus Gerüsten, die mit Sperrholz verkleidet und angestrichen wurden. Mit einem richtigen Hubschrauber schwebten sie vorsichtig an diesen Leuchtturm heran. In der offenen Tür des Hubschraubers saß ein Kameramann und filmte. Seine Filmaufnahme sah nachher so aus, als stünde der Leuchtturm mitten im Wasser, weit draußen im Meer.

In anderen Szenen sah man die Filmleute auf einem Gletscher in den Alpen. Hier sah man den langhaarigen Regisseur Schnee schippen. Mit einem Hubschrauber wurden Kulissenteile auf den Gletscher transportiert. Die Kulisse bestand aus weißen Styroporblöcken. Man sah, wie die Filmleute aus den Styroklötzen einen Iglu zusammensetzten. Daneben stellten sie ein Wetterhäuschen auf und einen Mast mit einer wehenden Fahne daran. Das sollte die Forschungsstation des Polarforschers Zacharias sein. Als der Aufbau fertig war, näherte sich wieder der Hubschrauber mit dem Kameramann, der die Station aus der Luft filmte – langsam flog er die Kulisse der Forschungsstation an.

Die Filmleute hatten für ROBBI, TOBBI UND DAS FLIEWATÜÜT sogar am Polarkreis einen Hubschrauber gemietet, um passende Luftaufnahmen von Eisschollen auf dem Meer zu drehen.

Später wurden in einem Studio verschiedene Szenen mit Robbi und Tobbi im «Fliewatüüt» aufgenommen. Passend dazu liefen im Hintergrund die Bilder von den Eisschollen auf dem Meer. Oder die Luftaufnahme von dem Leuchtturm. Oder ihr Anflug auf die Forschungsstation im ewigen Eis am Nordpol. In der Kombination sah das aus, als würde das Fliewatüüt fliegen. Tatsächlich hatte es die ganze Zeit im Studio am Boden gestanden.

Beim SPATZ VOM WALLRAFPLATZ war eine Marionette in die Wirklichkeit eingetaucht. Bei ROBBI,TOBBI UND DAS FLIEWATÜÜT wurde die Wirklichkeit zu den Marionetten ins Studio geholt.

Bei Filmarbeiten schien es viel zu geben, was mit schaufeln, sägen, schrauben und anstreichen zu tun hatte. Und mit technischem Erfindergeist. Als würden Filmleute spielen und gleichzeitig arbeiten wie Handwerker, zusammen mit Puppenspielern, Baggerfahrern und Hubschrauberpiloten.

Spätabends im dunklen Zimmer (eigentlich sollten wir längst schlafen) zog mein kleiner Bruder den Kassettenrekorder unter dem Etagenbett hervor. Er hatte das untere Bett. Er drückte die Taste ‹Play›. Unsere Aufnahme lief möglichst leise, damit die Eltern uns nicht hören konnten. Wir lauschten der Titelmusik und der Tonspur einer Folge ROBBI, TOBBI UND DAS FLIEWATÜÜT. Jede Figur hatte eine einzigartige Stimme, wie bei einem Hörspiel. An den Geräuschen und Dialogen entlang erinnerten wir uns an die Bilder der Handlung. Der Motor des «Fliewatüüts» brummte hell. Die Rotorblätter flatterten rhythmisch. Mit geschlossenen Augen sah ich Robbi und Tobbi fliegen. Unter ihnen das Meer. Am Horizont voraus: Eisschollen auf dem Wasser, der Polarkreis.

6
WARUM «DER SPATZ VOM WALLRAFPLATZ» HIER WICHTIG IST

Für mich als Kleinstadtjunge aus der Voreifel war dieser betonierte, viereckige Wallrafplatz mit der Platane in der Mitte *das* Bild der grauen Großstadt gewesen. Man sah mehr Häuser als Himmel.

Einerseits war ich froh, dort nicht wohnen zu müssen, andererseits gab es da mehr zu gucken, als bei uns auf dem Marktplatz. Mehr Menschen, Autoverkehr, Baustellen. Dort schienen mehr Geschichten möglich zu sein. Auch so eine:

Es war einmal ein kleiner Spatz, der wohnte auf einem belebten Platz mitten in einer deutschen Großstadt...

Allerdings war dieses Märchen von dem halbgebildeten Spatzen, der mit Menschen sprechen konnte, nicht romantisch. Seine Umgebung war rau. Sie zeigte mehr Wirklichkeit, als ausgedachtes. Ein dokumentarisches Märchen.

Der Spatz flatterte los und geriet zufällig irgendwo *hinter die Kulissen*: Bei der Sportschau oder in einer Raffinerie. In einem Film landete er in einer Autowerkstatt. Dort zeigte ihm ein Mechaniker, wie er die tiefe Delle im Blech einer Autotür ausbeulte. Eine Szene mit wenigen Einstellungen, wie eine kurze **Sachgeschichte**.

Zum Wetteramt in Essen geriet der Spatz, weil er Hunger hatte. Er trieb sich auf dem Parkplatz für die Autos der Kamerateams vom WDR herum. Ein Team wollte gerade vom Hof fahren, als es an der Schranke aufgehalten wurde. Der Pförtner winkte mit einem Umschlag und rief: «Fahrt ihr nach Bonn?» – «Nää, Essen», rief der Fahrer des Teamwagens dem Pförtner zu. «Essen?», rief der hungrige Spatz und bettelte: «Darf ich mitkomm'?» – «Na, ausnahmsweise.»

So geriet der Spatz nach Essen, zum Wetteramt. Das Filmteam sollte dort die Wettervorhersage fürs Wochenende in Nordrhein-Westfalen aufnehmen.

Der Spatz wollte hinter den Kameraleuten ins Gebäude flattern. Doch die Kollegen schlugen ihm die Tür vorm Schnabel zu. Der Spatz flatterte ums Gebäude, schaute durch die Fenster hinein. So sahen wir die Meteorologen bei der Arbeit. Wir sahen, wie das Kamerateam drinnen die Aufnahmen für die Wettervorhersage vorbereitete: Kamera vor der Wetterkarte aufbauen, mit Filmscheinwerfern das Licht einrichten. Der Tonmann verkabelte Mikrofone mit seinem Tonbandgerät.

Beim Spatz vom Wallrafplatz deckten die Macher ihre eigene Arbeit auf. Sie spielten uns etwas vor und ließen sich gleichzeitig dabei in die Karten gucken.

Filmleute nahmen die Wettervorhersage auf. Andere Filmleute drehten die Geschichten mit dem Spatz. Ein interessanter Beruf: zugucken.

Interessanter als Schulaufgaben.

Ich bastelte mir eine Kamera. Aus einem Schuhkarton. An einer Schmalseite schnitt ich ein rundes Loch in den Karton. In das Loch steckte ich den Pappkern einer Klopapierrolle – als Objektiv.

Ich spielte nur selten mit meiner Pappkamera. Meistens lag sie irgendwo im Kinderzimmer herum. Sie hatte für mich keine tiefere Bedeutung – weniger als mein Cowboyhut und der Colt, der mit Knallplättchen geladen werden konnte.

7
BEI DEN FERNSEHNACHRICHTEN

Bei Herrn Bauhardt, einem freiberuflichen Kameramann, bekam ich eine Stelle als Assistent. Wir drehten meistens Nachrichtenfilme für die HEUTE-Sendung. Herr Bauhardt hatte ein kleines Büro im ZDF-Studio Bonn.

Damals wurden die Nachrichten nur noch selten auf Film gedreht. Meistens wurde mit elektronischer Bildaufzeichnung gearbeitet. Die Aufzeichnungsmaschinen waren groß und schwer. Ein Techniker musste sie auf einer Sackkarre hinter dem Kameramann her schieben. Zwischen der Maschine auf der Sackkarre und der Kamera gab es eine Kabelverbindung. Weil die Sackkarre ohnehin schon sperrig war, hatten die Techniker auch einen kleinen Kontrollmonitor daran befestigt. Auf dessen Bildschirm war zu sehen, was der Kameramann aufnimmt.

Meine Aufgabe als Kameraassistent bestand zunächst darin, Stativ und Kamera zum Drehort zu schleppen und nach Herrn Bauhardts Anweisungen aufzustellen. Eines Tages habe ich die Gelegenheit ergriffen, auch das Bild einzustellen – so, wie ich dachte, dass man es aufnehmen könnte. Herr Bauhardt begutachtete meine Einstellung am Kontrollmonitor. Er sagte: «Mach' mal ein bisschen enger, den Bildausschnitt ...», woraufhin ich den Bildausschnitt entsprechend veränderte. Und als ich Herrn Bauhardt die fertig eingestellte Kamera überlassen wollte, sagte der nur: «Schieß' et so ab, Jung'!»

So machten wir das seitdem öfter und später sogar, wenn kein Kontrollmonitor verfügbar war. Dann hielt sich Herr Bauhardt dicht neben mir, als könnte er durch meinen Kopf hindurch in den Kamerasucher gucken und raunte mir gelegentlich was ins Ohr, so: «Pass auf, gleich kommt der Kanzler von links, schwenk' schon mal langsam 'rüber und nimm ihn dann mit.»

8
IM HAUS DES FILMEMACHERS

Eines Tages beim Mittagessen in der ZDF-Kantine – es gab «Kutterscholle mit Speck und Salzkartoffeln», also war es Freitag – da teilte Herr Bauhardt mir mit: «Nächste Woche müssen wir uns ma' für'n paa' Tage aus dem Nachrichtengeschäft ausklinken und 'was in Köln drehen. Der *Aamiin* hat angerufen», sagte Herr Bauhardt, der Westfale.

Am frühen Montagmorgen fuhren wir in Herrn Bauhardts türkisblauen Citroën CX nach Köln. Dort würden wir nicht mit einer schweren elektronischen Ausrüstung drehen, sondern mit einer leichten Filmkamera. Obwohl es hieß, der *Aamiin* hätte eine eigene Kamera, hatten wir auch die Filmausrüstung von Herrn Bauhardt in den Kofferraum geladen. Herr Bauhardt lenkte seinen eleganten Kombi über eine lange vierspurige Straße. Schilder wiesen den Weg zu Dom und Hauptbahnhof. Wir fuhren unter einem dunkelroten Hochhaus hindurch. Oben an dem Haus leuchteten hellblau die Buchstaben WDR. Die breite Straße machte einige Schlenker, unterquerte die Bahngleise, dann bogen wir ab in ein Gewirr aus engen Straßen.

«Ein Glück, dass ich nicht fahren muss», dachte ich, «hier findest du ja nie wieder heraus.»

Wir hielten vor einem weiß verputzten Haus mit schmalen hohen Fenstern. Auf einem der Fenster stand in eckigen, weißen Buchstaben der Schriftzug *«FLASH»* – von links unten nach rechts oben, diagonal auf die Scheibe gedruckt. Das kurze Wort in eckigen Buchstaben, exakt im Winkel von 45 Grad auf dem Fenster platziert, wirkte auf mich wie ein Anspruch.

Dieser *Aamiin* öffnete die gläserne Eingangstür. Ein schlanker Typ in Jeans und Poloshirt, mit Brille und kurzen dunkelblonden Haaren. Den hatte ich schon mal gesehen, irgendwo im Fernsehen. Wir reichten uns die Hand, er sagte: «Armin Maiwald, guten Tag.»

«Ach, *der* ist das», dachte ich. Ich erinnerte mich an einen knapp halbstündigen Film im Nachmittagsprogramm. Da erzählte er, wie er mit seinem Filmteam eine Dreizehnjährige auf der Wanderung über einen felsigen Klettersteig in den Alpen begleitet hatte.

Das Foyer bei «FLASH» wirkte genau so streng gestaltet, wie der Schriftzug draußen am Fenster. Armin Maiwald zeigte uns die Räume. Es war wie eine Einweisung.

Das Haus ist ein Altbau. Dennoch sieht es außen wie innen schlicht und modern aus. Bei «FLASH Film» im Haus ist auf allen Böden schwarzer Teppich verlegt. Auch Türen und Fensterrahmen sind schwarz. Aber alle Räume sind hell. Die Wände und hohen Decken sind weiß. Klare Verhältnisse. Entschlossenheit.

«Wir haben darauf geachtet, dass es in allen Räumen genug Steckdosen gibt», erklärte Herr Maiwald.

Nicht nur die Platzierung der Stromanschlüsse, einfach alles schien so eingerichtet zu sein, dass es genau den Bedürfnissen seiner Filmproduktion entspricht.

Herr Maiwald führte uns im Schlepptau durch sein Haus. Es gab viele kurze, verwinkelte Gänge, wir gingen treppauf, treppab.

Im Keller gab es ein winziges Studio, eine Werkstatt mit allen möglichen Werkzeugen, einen winzigen Raum, den Herr Maiwald als Grafikraum bezeichnete: in schmalen Regalen und tiefen Schränken lagerten Farben und Pinsel, farbige Pappen, Plakatkarton, Tonpapier und Klebstoffe.

In allen Kellerräumen gab es weiße Schränke. Hinter deren Türen verbargen sich ein Requisiten- und ein bescheidener Kostümfundus mit alten Schuhen, Hüten, Jacken und Mänteln.

In den oberen Etagen gab es ein Tonstudio und Schneideräume.

«Wir machen hier alles selbst,» erklärte Herr Maiwald, «bis auf Filmentwicklung und -kopierung.»

Studio Babelsberg im Kleinformat.

Diese Führung durchs Haus wirkte, als würde Herr Maiwald festlegen: «So geht das hier. So machen wir das hier. Genau so wird hier gearbeitet. Merkt euch das.»

Im Foyer kam ein junger Mann die mit schwarzem Teppich belegte Treppe hinunter. Er hatte es eilig.

«Das ist der Christoph – mein Regisseur für die Mausgeschichten», erklärte Herr Maiwald – und schon war der Mann in der braunen Lederjacke durch die Tür.

Die Wand neben der Tür war mit schwarzem Teppichboden tapeziert. An dieser Wand hing ein Strohkranz mit Trauerflor. Auf der schwarzen Schleife stand in weißer Schrift:

«DEM SPATZ VOM WALLRAFPLATZ»

Als hätte ich das lose Ende eines verlorenen Fadens wiedergefunden. Einen Faden, den ich als Schuljunge aus der Hand gelegt hatte. Jetzt war ich ein junger Kameraassistent und hielt in der Hand: das andere Ende des verlorenen Fadens. Auf einmal arbeitete ich für den, der die Filme gedreht hatte, die mir als Schuljunge wichtig gewesen waren.

«Hier geht's weiter», rief Herr Maiwald und öffnete eine schwarz gestrichene Stahltür. In Augenhöhe waren außen auf die Tür weiße Blockbuchstaben gedruckt:

«KEEP
THIS ROOM
TIDY.»

«Das ist unser Kameraraum», erklärte Herr Maiwald.

In der Mitte des Raumes gab es einen kleinen quadratischen Tisch, gerade groß genug, um darauf den Dunkelsack auszubreiten, in dem man Filmmaterial in die Kamerakassetten einlegt. An drei Seiten ragten Regale aus massiven Holzbalken bis unter die Decke empor. In den Regalen befand sich alles, was man benötigen könnte, um Filme zu drehen: auch Gummistiefel, Sonnenschirme und Bauhelme. Fast alle Regalböden waren mit kleinen Schildern versehen: «Akkuladestation», «Leerdosen», «Spezialleuchtmittel» ... Im Regal mit «Putzzeug» gab es neben groben Bürsten auch Reinigungsbenzin, Optikreiniger, Zahnstocher und Fensterleder.

Rechts unten, in der Ecke neben der Tür, stand ein kleiner Kühlschrank. Darin wurden die flachen runden Blechdosen mit Filmmaterial aufbewahrt.

Im Regal links von der Tür, auf einem Boden in Hüfthöhe, lagerten zwei schwere silberne Alukoffer. Jeder dieser Koffer war größer als ein Werkzeugkasten und schwerer als ein Kasten Mineralwasser. Aber er hatte nur einen schmalen Griff an der Oberseite, wie der Griff eines kleinen Aktenkoffers. Das machte jeden dieser Koffer höllisch schwer und unhandlich.

«Die haben wir für Australien gebaut», erklärte Herr Maiwald. Er war ein Jahr zuvor mit seinem Team wochenlang *down under* gewesen.

Herr Maiwald erklärte weiter: «In der einen Kiste ist die Kamera mit Optiken, Akkus, Ladegeräten und sämtlichem Zubehör, in die andere Kiste passen ein dutzend Rollen Filmmaterial, außerdem sind darin Werkzeug, Maßband und alles, was man zum Drehen braucht. Die gesamte Ausrüstung in zwei Kisten. Nur für den Ton haben wir noch einen zusätzlichen kleinen Koffer.»

Alles war sehr übersichtlich sortiert. Ein Blick in den jeweiligen Koffer genügte. Wenn keines der maßgeschneiderten Fächer leer war, hatte man alles dabei.

Sehr praktisch.

9

DIE VERGESSENEN AKKUS

Wenn Der Spatz vom Wallrafplatz jemanden etwas fragte, wusste man nie, ob er wirklich interessiert war oder nur auf eine vorwitzige Bemerkung hinaus wollte. Das lenkte die Menschen natürlich von ihrer eigentlichen Arbeit ab. Also war der Spatz mal mehr, mal weniger willkommen. Von Anfang an wurde in den Filmen so getan, als ob viele Leute den Spatz bereits kannten. Später war es auch in Wirklichkeit so, weil alle die kleinen Filme mit dem Spatzen im Fernsehen gesehen hatten. Genau wie ich.

Eine typische Unterhaltung des Spatzen mit einem Menschen bei der Arbeit kann man sich so vorstellen:

Es ist eine Szene, in welcher der Spatz weit draußen, außerhalb von Köln herumflattert. Tief unter ihm sommerliche Felder. Da fällt ihm ein mitten in der Landschaft geparktes Fahrzeug auf.

Der silberfarbene VW-Bus steht am Rand eines Feldweges. Die Sonne scheint, das hohe Gras der Wiesen drumherum ist ziemlich vertrocknet. Dazwischen ein paar bunte Feldblumen. Und überall diese Schmetterlinge mit den weiß-schwarz gescheckten Flügeln. Sie sitzen auf den schwankenden Grashalmen oder flattern im sanften Wind torkelnd umher, oft zu zweien.

Die Heckklappe des VW-Busses steht offen. Ein langer, dünner Kameraassistent lädt die Kisten mit der Kameraausrüstung aus.

Der Spatz würde jetzt so ein bisschen zu sich selbst sprechen, wir Filmzuschauer könnten mithören, was er sagt: «Was machen die denn da? Parken mitten auf der Wiese! Det Auto kenn' ick doch!»

Neben der offenen Seitentür des VW-Busses steht Armin Maiwald in Jeans und rosafarbenem Polohemd. Er ist fast genau so dünn wie der Kameraassistent, der gerade die silbernen Kisten aus dem Auto wuchtet. Armin Maiwald guckt auf die Wiese mit den Schmetterlingen.

«Da is' ja auch der Armin. Muss ick doch gleich mal guten Tag sagen... Warum guckt denn der so? Nee, mal abwarten ...»

Armin Maiwald steht und beobachtet, was sich auf der Wiese mit den Schmetterlingen tut. Da geht ein rundlicher Mann herum. Jetzt nimmt er einen dieser Schmetterlinge auf seine Fingerspitze und ruft mit kölschem Singsang in der Stimme:

«Sie haben Glück! So zahlreich finden Sie den Schachbrettfalter nur einmal im Jahr, und nur wenn es warm ist – bei kühlerem Wetter versteckt er sich im Gras.»

«Der Armin guckt, als hätt' er schlechte Laune», überlegt der Spatz, «Na, mal lieber nicht ansprechen... Vielleicht denkt er auch nur angestrengt nach, welche Aufnahmen er für seinen Film benötigt. Mal lieber nicht stören. Ick frag mal den Typen mit den Kisten.»

Der Spatz landet auf dem Tragegriff der Kamera, die der Assistent schon auf das Stativ gesetzt hat.

Der Spatz fragt: «Wat macht ihr denn?»

«Stör' mich jetzt nicht», sagt der Kameraassistent, «Ich suche die Akkus.»

«Wozu brauchste denn Akkus?»

«Das sind Batterien, die liefern Strom für die Kamera.»

«Was macht ihr denn mit der Kamera?»

«Wir wollen filmen.»

«Hab' ick mir gleich gedacht. Was wollt ihr denn filmen?»

«Die Schmetterlinge. Wir sollen die Schmetterlinge filmen.»

«Wozu?»

«Du nervst! Ich habe gerade ein Problem. Wir sollen filmen und können nicht, weil ich die Akkus vergessen habe – die Schmetterlinge sind die Lösung des Rätsels.»

«Was für'n Rätsel denn?»

«Findet das fliegende Schachbrett, zeigt wie es startet, wie es landet und wie es frisst. Ihr habt fünf Tage Zeit. Und jetzt ist Tag zwei und wir haben das Rätsel schon gelöst – aber wir müssen das filmen und das geht nur heute. Deswegen haben wir jetzt ein Problem – also hau ab und stör' hier nicht länger. Ich muss das jetzt dem Herrn Maiwald sagen.»

Dieser schlaksige Kameraassistent, das war ich. Das Gespräch mit dem Spatz habe ich mir ausgedacht. Aber die Akkus hatte ich bei diesem Dreh leider wirklich vergessen.

Ich war damals Mitte zwanzig und hatte gerade erst angefangen zu lernen, wie man professionell Filme dreht. In Bonn erzeugten wir bloß Filmschnipsel für die Nachrichten – Politiker, die sich die Hände reichten oder Pressekonferenzen abhielten – Programm, das schon während der aktuellen Sendung vergessen wurde.

Aber jetzt drehten wir mit einem richtigen Regisseur einen richtigen Film. Dieser Film würde eine Geschichte mit Anfang, Mitte und Schluss erzählen und würde einen eigenen Sendeplatz haben.

Und ich hatte es vermasselt. Im Augenblick der wichtigsten Szene. Weil ich die Akkus vergessen hatte.

Jetzt musste ich Herrn Maiwald sagen, dass wir nicht drehen konnten. Ich stellte mich vor ihm hin und habe vor Aufregung seinen Namen total verdreht und ihn sogar geadelt:

«Ich habe die Akkus in der Firma liegen gelassen, Herr von Arnim», stotterte ich.

Er guckte mich mit großen hellblauen Augen durch seine dicken runden Brillengläser an und fragte: «Heißt das, wir können jetzt nicht drehen?»

Da war schon sein Regieassistent zur Stelle und erklärte, er werde zurück in die Stadt fahren und die Akkus zu holen.

Ich hätte nicht einmal den Weg zur Firma gefunden.

Der Regieassistent rettete den Dreh. Dafür war er schließlich da.

10
FILMAUFNAHMEN ALS NEUE WIRKLICHKEIT

Bei dem Film mit den Schachbrettfaltern sollte ich mit der zweiten Kamera zusätzliche Aufnahmen drehen. Eine dieser Aufnahmen entstand am Rande der Wiese mit den Schmetterlingen. Sie zeigte das Team um Herrn Maiwald bei der Suche nach dem fliegenden Schachbrett: Zunächst sah man nur ein Getreidefeld, dann tauchten nach und nach die Köpfe von Herrn Maiwald, seinem Regieassistenten, meinem Chef mit Kamera und dem Praktikanten auf. Jeder hielt in eine andere Richtung Ausschau nach dem gesuchten Schmetterling. Diese Einstellung drehte ich also.

Nach zwei Tagen kamen die Filmrollen mit unseren Aufnahmen aus der Entwicklung zurück. Wir gingen die Treppe hinauf zum Schneideraum. Herr Maiwald vorneweg, mit der blechernen Filmdose unterm Arm, Herr Bauhardt und ich und das restliche Team hinterher.

Der Schneideraum war winzig. Der Schneidetisch selber ist ein ziemlich wuchtiges Möbel – mit grauem Unterbau und blauer Tischplatte. Herr Maiwald setzte sich an den Tisch, wir anderen standen hinter Herrn Maiwald und schauten ihm über die Schultern. Mit demonstrativ routinierten Bewegungen schaltete er den Tisch ein und entnahm der Blechdose die Filmrolle. Die war so groß wie ein Tortenboden. Den kleinen gelben Klebestreifen vom Anfang der Rolle klebte er an die Tischkante. Jede seiner Bewegungen hatte etwas von «So macht man das!» Dann legte er die Rolle auf dem Abwickelteller ab und spannte den Film mit flinken Fingern zwischen die kleinen Umlenkrollen im Laufwerk auf der Tischplatte – als würde er jeden Tag nichts anderes machen.

Zum Schluss befestigte er den losen Anfang des Filmstreifens an dem kleinen Spulenkern aus gelbem Plastik, der auf der Achse des Aufwickeltellers steckte.

Dann zündete er sich eine Zigarette an.

Mit Daumen und Zeigefinger der rechten Hand betätigte er den Fahrhebel, der in die Tischplatte eingelassen war – damit konnte man den Film vorwärts oder rückwärts spulen, die Bildgeschwindigkeit stufenlos von ganz langsam zu sehr schnell regulieren und natürlich auch mit genau 25 Bildern pro Sekunde laufen lassen.

Herr Maiwald ließ den Filmstreifen durch den Schneidetisch laufen. Im Kopierwerk hatte jemand handschriftlich Angaben zu Titel und Rollennummer auf den meterlangen schwarzen Vorspann geschrieben. Die Schrift erschien wie weißes Gekrakel auf dem leuchtenden Bildschirm. Beim ersten Bild hielt Herr Maiwald den Film an und drückte einen kleinen Knopf unter dem Bildschirm. Die rot leuchtenden Ziffern des Zählwerks sprangen auf null.

«Ich kenne alle Handgriffe», schien Herr Maiwald zeigen zu wollen. Das erzeugte in mir ein Gefühl von: «Ich bin neu hier und habe keine Ahnung.» Dabei war ich doch so stolz, schon die zweite Kamera führen zu dürfen.

Herr Maiwald betätigte den Fahrhebel. Unsere Bilder liefen los.

Alle schauten auf den Bildschirm. Zwischendurch schielte ich zu Herrn Maiwald. Er machte ein Gesicht wie ein Bootsmann, der einer heranrollenden schweren Welle entgegensieht. Skeptisch. Auf Schwierigkeiten gefasst.

Am Drehort trifft die Wirklichkeit auf das Filmteam: Einer hat die Akkus vergessen, ein Verkehrsstau verändert den Zeitplan, während der Dreharbeiten beginnt es zu regnen. Das sind unbeeinflussbare Bedingungen, mit denen das Team unter Leitung des Regisseurs umgehen muss.

«Die ungeschnittenen Filmaufnahmen sind eine *neue Wirklichkeit*», sagte Herr Maiwald später einmal, «diese Wirklichkeit hat im schlimmsten Fall nichts mehr mit dem Drehbuch gemein.» Auf diese neue Wirklichkeit musste er sich beim Schnitt einlassen und im Dialog mit der Cutterin daraus seine Filmerzählung entwickeln. So wird die Filmmontage zum Hauptgewerk des Filmemachens.

Die Aufnahmen von Herrn Bauhardt waren natürlich fehlerfrei. Herr Maiwald begann, die Szenen im Schnelldurchgang vorwärts zu spulen. Nur, wenn er eine Einstellung genauer betrachten wollte, ließ er sie in Normalgeschwindigkeit laufen.

«Es ist 'was drauf», stellte Herr Maiwald am Schluss fest.

Ganz am Ende kamen die wenigen Meter mit der Aufnahme, die ich gedreht hatte. Die Einstellung war scharf und richtig belichtet. Aber leider hatte ich die Kamera versehentlich schief gehalten. Das Bild kippte. Der Horizont verlief von links unten nach rechts oben. Meine Aufnahme taugte nicht einmal als neue Wirklichkeit.

«Das war wohl nix», brummte Herr Maiwald.

Trotzdem ließ mich Herr Bauhardt noch bei weiteren Gelegenheiten die zweite Kamera führen. Währenddessen spürte ich im Nacken den skeptischen Blick, mit dem Herr Maiwald mich bei der Arbeit beobachtete.

Zwei Tage später, am Schneidetisch, ließ Herr Maiwald meine Aufnahmen in Normalgeschwindigkeit ablaufen. Diesmal schien alles in Ordnung zu sein. Jedenfalls hat Herr Maiwald *nichts* dazu gesagt.

Der fertige Film über unsere Suche nach den Schachbrettfaltern hieß DER UNMÖGLICHE AUFTRAG. Er war fast 30 Minuten lang und wurde irgendwann im Nachmittagsprogramm gesendet. Ich sagte allen Bekannten Bescheid, dass ein Film von Armin Maiwald im Fernsehen läuft und auch mein Name im Abspann steht.

«Armin – *wer?*», fragten meine Bekannten.

Dann sahen sie die Sendung und hörten diese markante Stimme, die so locker dazu erzählte.

«Ach, *der!*», sagten meine Bekannten.

11
STRESS IN DER «LINDENSTRASSE»

Einige Monate später mussten Herr Bauhardt und ich wieder zum *Aamiin*. Dringende Regiebesprechung. In Herrn Maiwalds Schlafzimmer. Herr Maiwald lag auf einem Bett mit kreisrunder Matratze. So etwas hatte ich noch nie gesehen.

Herr Maiwald konnte sich kaum bewegen. Er hatte einen Bandscheibenvorfall. Im Bett liegend hatte er das Drehbuch geschrieben, dass er jetzt fotokopiert und geheftet Herrn Bauhardt überreichte. Dazu erklärte er, dass der WDR mit der ersten Folge seiner neuen Serie LINDENSTRASSE nicht rechtzeitig fertig geworden war. Der Start der Serie musste um eine Woche verschoben werden. Aber der Sender brauchte auf dem bereits angekündigten Programmplatz dringend einen passenden Film. Herr Maiwald wurde beauftragt. Der sollte aber nicht herumlaufen und arbeiten, sondern baldmöglichst operiert werden. Gleichzeitig musste er seine Firma am Laufen halten.

Diesmal drückten zwei Termine: Der nahe Sendetermin für einen Film, der noch nicht gedreht war und der OP-Termin am Rücken.

Der halbstündige Film sollte zeigen, welche Figuren es in der LINDENSTRASSE gibt und wie eine Folge der Serie entsteht.

Es war Herbst, grau und nasskalt. Kurz vor Drehbeginn hatten der Regieassistent und ein weiterer Mitarbeiter von Herrn Maiwald ein eckiges Polsterteil aus moosgrünem Samt durch die seitliche Schiebetür in den VW-Bus geschoben und es zwischen die Rückbank und den Fahrersitz geklemmt. Jetzt kam Herr Maiwald im dunkelblauen Ledermantel, in Jeans und mit beigefarbenen fellgefütterten Wildlederstiefeln an den Füßen. Ganz vorsichtig legte er sich in den Bus auf das grüne Polsterteil, mit dem Kopf in Fahrtrichtung, die Beine angewinkelt, die Füße auf der Rückbank. Herr Maiwald machte ein missmutiges Gesicht. Während wir übrigen einstiegen, zündete er sich eine Zigarette an. Er atmete bläuliche Rauchwölkchen aus und guckte ihnen durch seine dicken Brillengläser hinterher. So fuhren wir zu den verschiedenen Drehorten.

Einmal haben wir auf dem Weg einen der Schauspieler zuhause abgeholt und zum Drehort mitgenommen. Das war ein höflicher Vietnamese. Er quetschte sich zu uns auf die Rückbank und lächelte etwas irritiert – weil dieser Herr Maiwald sich also im Liegen zum Drehort kutschieren ließ, rauchend, nicht mal «Guten Tag» sagte, sondern unvermittelt erklärte: «Also: Was machen wir?...» Ohne Umschweife erläuterte dieser Herr Maiwald, welche Szene als nächstes gedreht werden würde, was der Schauspieler dabei zu tun hätte und worauf es dabei ankäme. Anschließend rauchte er schweigend seine Zigarette zu Ende.

Als würde er während der Fahrt immer so liegen und erklären.

Ich überlegte, ob ich den freundlichen, aber irritierten Schauspieler nicht aufklären sollte über das eigenartige Verhalten unseres Regisseurs. Aber ich war der jüngste im Team. Ich traute mich nicht. Irgendwie hatte ich das Gefühl, dass Herr Maiwald seine Rückenschmerzen als Privatangelegenheit betrachtete. Obwohl unsere gemeinsame Arbeit davon beeinflusst war. Als dürften persönliche Befindlichkeiten keine Rolle spielen.

12
WARUM MAN RICHTIG KLAPPE-SCHLAGEN MUSS

Der Film über die LINDENSTRASSE hatte den Titel: IHRE NEUEN NACHBARN. Wir filmten die Schauspieler auf ihrem Weg zum Studio. Dabei wollte Herr Maiwald in seinem Film den Eindruck erwecken, diese Personen seien alle an einem minutiös geplanten Verbrechen beteiligt.

Einer der Darsteller, ein älterer Grieche mit schwarzgrauem Vollbart, kam mit dem Flugzeug aus Berlin. Wir filmten ihn, während er durch die Empfangshalle des Kölner Flughafens ging. Draußen stieg er in ein Taxi und fuhr davon.

Weil Herr Maiwald sich das so ausgedacht hatte, postierten Herr Bauhardt und ich die Kamera immer so, dass es auf den Bildern nachher aussah, als filmten wir aus einem Versteck. Während die Kamera lief, stand ich immer dicht bei Herrn Bauhardt. Als eifriger Assistent maß ich die Belichtung, stellte die Blende ein, zog Schärfe, löste die Kamera aus und stoppte sie wieder. Ich dachte, so könnte sich Herr Bauhardt ganz aufs Bildermachen konzentrieren.

Fast alle Einstellungen drehten wir nur ein Mal. Trotzdem war jedes Bild sorgfältig eingerichtet, stand die Kamera immer auf dem Stativ, und es wurde am Anfang oder am Ende jeder Einstellung die Filmklappe geschlagen. Das war Herrn Maiwald wichtig, denn so konnte die Cutterin im Schneideraum bereits das Filmmaterial sortieren, während wir noch drehten. Sie brachte die Szenen in die richtige Reihenfolge und legte den Ton an. Deshalb war es wichtig, dass wir am Drehort darauf achteten, bei jeder Einstellung Klappen zu schlagen und auf diese Weise jede Einstellung mit Szenennummer und Synchronpunkt zu definieren.

Die Filmkamera zeichnete nur Bild aber keinen Ton auf. Der Ton wurde mit einem eigenen Gerät vom Tontechniker aufgezeichnet. Auch deshalb musste man am Anfang oder am Ende jeder Einstellung eine Klappe schlagen. Die Klappe war wie eine kleine Tafel. Sie wurde mit Filmtitel und Szenennummer beschriftet. Den oberen Rand der kleinen Tafel konnte man auf- und zuklappen. Diese Stelle der Klappe war auffällig mit schwarz-weißen Streifen bedruckt, damit man sie auf dem Filmbild gut erkennen kann. Klappte man die Tafel mit Schwung zu, hörte man im Ton einen Knall. Im Bild konnte man sehen, wie die Klappe zuklappt. Das war der Punkt, an dem die Cutterin sich orientierte, um Bild und Ton synchron anzulegen. Bevor die Klappe geschlagen wurde, musste man laut ansagen, was auf der Klappe steht. So konnte die Cutterin auf dem Ton hören, was sie im Bild auf der Klappe las: «Neue Nachbarn, Szene 7, die erste, auf Filmrolle 3!»

Anhand der Klappen kann die Cutterin am Schneidetisch blitzschnell Bilder und Töne der einzelnen Szenen zuordnen, synchronisieren und in die vorgesehene Reihenfolge bringen. Sie konnte einen Rohschnitt machen, ohne dass Herr Maiwald als Regisseur anwesend war. Auf diese Weise konnte er unmittelbar nach Ende der Dreharbeiten mit dem Feinschnitt beginnen. Die Terminablauf war so eng, dass Herr Maiwald operiert werden sollte, noch bevor der Film gesendet wurde. Ein Nachdreh, die Wiederholung misslungener Filmaufnahmen, war nicht vorgesehen. Und auch keine anderen Verzögerungen.

Herr Bauhardt drehte schnell und sicher.

In der nächsten Einstellung am Flughafen kam ein rotes Auto auf den Taxistand zu gerast und bremste scharf, kurz vor der Kamera. Der Fahrer sprang heraus, guckte dem Taxi mit dem davon brausenden Griechen hinterher und zischte leise: «Verdammt!» Ärgerlich schlug er die Fahrertür zu.

«Okay!», sagte Herr Maiwald und wollte die Filmklappe schlagen. Aber da hatte ich die Kamera schon abgeschaltet. Bloß keinen Meter Film verschwenden.

Jetzt fluchte Herr Maiwald, aber laut: «Verdammt, Junge, pass doch auf!»

Ich war der jüngste im Team, aber nahm mir heraus, die Kamera abzuschalten, bevor die Klappe gedreht war. Das bedeutete, dass die Cutterin im Schneideraum durch ausprobieren den Synchronpunkt für den Ton finden musste. Das konnte dauern.

Später mal hat Herr Maiwald erzählt, wie er als junger Gehilfe bei Dreharbeiten zum ersten Mal die Klappe schlagen sollte. Das war bei einer aufwändigen Spielfilmproduktion. Herr Maiwald muss damals jünger gewesen sein als ich zu diesem Zeitpunkt als Assistent. Der alte erfahrene Kameramann hatte ihm erklärt, wie das Klappeschlagen geht und fragte: «Haste det alles verstanden? – Gut. Ein Fehler haste frei, wenn de zweie machst, müssen wa 'n andern holen.»

Da stand der Student Armin vor den erfahrenen Filmleuten, so wie ein paar Jahre zuvor als Schüler auf der Baustelle der Stadtbahn, wo er beweisen musste, dass auch ein bebrillter Gymnasiast mit Spitzhacke und Schaufel umgehen kann.

Auch Klappe schlagen war ein Handwerk.

13
NEU IM BIOTOP

Eines Tages stand Herr Maiwald auf dem Schlauch. Sein bisheriger Kameramann hatte kurzfristig gekündigt, um eigene Filme zu machen. Damals arbeitete Jan schon bei «FLASH Film». Jan war auf dieselbe Schule gegangen wie ich. Daher kannten wir uns. Er schlug Herrn Maiwald vor, mich anzurufen. Wahrscheinlich erinnerte Herr Maiwald sich an verpasste Klappen, vergessene Akkus, gekippte Bilder, ewige Zeit bis eine Einstellung saß und daran, dass ich nicht der schnellste beim Filmeinlegen gewesen war.

«Der? Der ist doch so langsam», soll Herr Maiwald gesagt haben.

Aber kein anderer Kameramann hatte so kurzfristig Zeit.

«Also wieder alles von vorne ...», soll Herr Maiwald gestöhnt haben.

Inzwischen arbeitete ich seit fünf Jahren als Kameramann ... bei den Nachrichten. Wo eine Geschichte weder Anfang, noch Mitte noch Schluss brauchte. Wo sogar Bilder gesendet wurden, auf denen nichts zu erkennen war – Hauptsache, sie waren authentisch. Gleichzeitig wurde diese Arbeit so gut bezahlt, dass sich viele der älteren Kameraleute ein eigenes Haus nahe der Bundeshauptstadt und ein zweites in der Toscana leisten konnten.

Der Film, für den Herr Maiwald mich also notgedrungen engagierte, sollte ein «Kuhfladenroulette» dokumentieren. Wir fuhren mit dem ganzen Team aufs Land, anderthalb Stunden von Köln entfernt, irgendwo am Niederrhein. Am späten Samstagvormittag kamen wir an. Wir filmten, wie ein quadratisches Stück Wiese gemäht wurde, etwa zwanzig mal zwanzig Meter groß. Danach kam ein Mann mit einem Trockenmarkierwagen. Dieses Wägelchen war ähnlich wie eine Schubkarre, deren Ladefläche ein kleines

Loch in der Mitte hat. Der Mann schob das Wägelchen in sorgfältig bemessenen Abständen jeweils längs und quer über das gemähte Stück Wiese. Das filmten wir auch. Aus dem Wägelchen rieselte Kreide auf das Gras. Am Ende war die Wiese sauber eingeteilt in zehn mal zehn Karos, die jeweils zwei mal zwei Meter groß waren.

Der späte Nachmittag war warm. Er duftete nach dem frisch gemähten Gras. Für diesen Tag war unsere Arbeit getan und wir fuhren nach Hause.

Am Sonntag fuhren wir wieder hin. Mittags waren wir da. Gerade rechtzeitig, um zu filmen, wie das tags zuvor gemähte und karierte Stück Wiese eingezäunt wurde. Die Sonne schien. Publikum versammelte sich. Am Rande der Wiese war ein Biertisch aufgestellt. Das war eine Art Wettannahmestelle. Wer wollte, konnte Geld auf einzelne Felder der karierten Wiese setzen.

Dann wurde eine Kuh auf das eingezäunte und markierte Stück Wiese geführt. Viele Leute standen um die Wiese herum und warteten, dass die Kuh einen Fladen macht. Währenddessen spielte die örtliche Feuerwehrkapelle Musik, es gab Bier, Limo und Würstchen vom Grill.

Herr Maiwald sagte mir, welche Szenen er brauchte. Aber filmen ließ er mich dann, wie ich wollte. Er stand nur die ganze Zeit daneben und beobachtete genau, wie ich die Kamera einstellte und filmte.

Wir befanden uns in einer ähnlichen Situation. Er drehte mit einem Kameramann, von dem er gerade mal wusste, dass der irgendwie seinen Lebensunterhalt mit Filmaufnahmen verdienen konnte. Wirklich kontrollieren konnte er nicht, was ich mache. Nur durch seine Erfahrung konnte er einschätzen, ob ich halbwegs richtig belichte und welche Bildausschnitte ich wählte. Er musste sich auf meine Arbeit einlassen.

Ich hatte immerhin den Vorteil, dass ich hin und wieder schon Filme von Herrn Maiwald im Fernsehen gesehen hatte.

Ich versuchte mir vorzustellen, wie der Spatz vom Wallrafplatz sich das hier angeguckt hätte.

Ein Kuhfladenroulette gesehen hatte ich noch nie. Herr Maiwald auch nicht. Man hatte uns erklärt, was passieren sollte. Es blieb uns nichts, als unsere Erwartungen zurückzustellen und sich auf das einzulassen, was wirklich passierte. Wir mussten mitnehmen, was man einem, der nicht dabei ist, erzählen müsste – aber nur das wichtigste. Wir konnten ja nicht alles erzählen. Wenigstens dafür waren die Erfahrungen als Nachrichtenkameramann wertvoll. Herr Bauhardt machte oft den Spruch: «Drehst du dann auch noch so fleißig – gesendet werden nur einsdreißig.»

Am Nachmittag sollte eine Kuh auf das Feld geführt werden. Derjenige, der auf das Feld gesetzt hatte, auf das die Kuh schließlich ihren Haufen machte, konnte etwas gewinnen. Der erste Preis war ein Bollerwagen. Als zweiten Preis gab es einen kleinen Tannenbaum – frisch aus der Baumschule. Wir filmten auch diese Trophäen, die neben einer einfachen Bühne auf den Gewinner warteten. Das Tannenbäumchen war neben dem Bollerwagen in den Boden gepflanzt, damit es den langen Sommernachmittag heil übersteht.

Das Bäumchen war etwa hüfthoch gewachsen, so klein, dass man darauf heruntergucken konnte, wie auf einen kleinen Strauch. So stellte ich die Kamera auch auf, dass sie auf das Tannenbäumchen herunterguckte.

Herr Maiwald beobachtete mich. Ich schaute durch den Sucher und wollte schon auslösen, da fragte Herr Maiwald: «Sieht das aus wie ein Baum?»

So um drei Uhr herum wurde die Kuh herangekarrt und aufs karierte Feld geführt. Die Kuh graste und wechselte gelegentlich und träge ihren Standort. Das dauerte einige Stunden.

Eigentlich war dieses der schwierigste Teil der Dreharbeiten: Die Kamera musste jederzeit auf die Kuh gerichtet sein, scharf gestellt und mit richtig eingestellter Belichtung. Eigentlich konnte man ihr Hinterteil keinen Moment aus dem Blick lassen. Mir gegenüber, auf der anderen Seite des Feldes stand nun Herr Maiwald mit einer zweiten Kamera. Ebenfalls jederzeit drehbereit, falls die Kuh für meinen Kamerablickwinkel gerade nicht von hinten zu sehen ist, während sie einen Fladen ins Gras fallen lässt. Es dauerte. Auf Nachfrage hatte ein Landwirt uns erklärt: «Das merken Sie, wenn die Kuh scheißen will. Die hebt kurz vorher den Schwanz.»

Das tat sie dann auch irgendwann.

Am Montagabend, nach einem Drehtag voller Interviews mit Politikern, fuhr ich zu «FLASH». Am Schneidetisch schaute sich Herr Maiwald mit dem gesamten Team das Filmmaterial vom Kuhfladenroulette an. Am Ende sagte er nur: «Es ist was drauf.»

«Was soll ich Ihnen berechnen?», fragte ich. «Ich mach Ihnen für diesen Dreh einen Sonderpreis.» Über ein Honorar hatten wir bis dahin nicht gesprochen.

«Mach mir 'nen Nachrichtenpreis», sagte Herr Maiwald.

Das hätte bedeutet: Zwei Tagesgagen plus Überstunden, einmal zuzüglich 25% Samstagszuschlag und einmal 50% Sonntagszuschlag auf

Honorar und Überstunden plus Spesen … – Das war der offizielle Nachrichtenpreis, der von allen Sendern bezahlt wurde. Kein Wunder, dass damals manche Kollegen bis zum Ende der neunziger Jahre zu einem Häuschen in der Toscana gekommen waren.

«Das können Sie nicht bezahlen, Herr Maiwald», entfuhr es mir.

Diese teuren Nachrichtenhonorare gibt es längst nicht mehr. Aber «FLASH Film» gibt es noch. Damals wie heute ein Biotop. Abgekoppelt vom Markt der Üblichkeiten. Eine Manufaktur – selten, zäh und beständig. Man muss sich darauf einstellen.

«Na dann bis zum nächsten Mal», sagte Herr Maiwald zum Abschied.

Seitdem habe ich alle seine Filme gedreht.

14

MAIWALDS FILMTEAM

«Ich möchte eigentlich nicht mehr so viel rausfahren», sagte Herr Maiwald beiläufig, zog am Rest seiner Zigarette und drückte den Stummel im Aschenbecher aus. Wir saßen abends im Foyer seines Hauses und besprachen, zu welchen Bedingungen wir in Zukunft zusammenarbeiten könnten. Er erklärte, ihm sei die Arbeit am Schneidetisch wichtiger, als die Dreharbeiten.

Bei «FLASH» gab es viel zu tun. Herr Maiwald hatte mehrere Angestellte: eine stets etwas schrill gekleidete Mitarbeiterin mit blondem Kurzhaarschnitt und modischer Brille. Sie erledigte die Verwaltung.

Das genaue Gegenteil war Georg: ein schmaler, großer Mann mit langen Haaren und Vollbart. Georg sprach nur wenig. Er trug gerne schwarze Lederjacken und fuhr eine Harley Davidson. Als Toningenieur machte er die Sprach- und Musikaufnahmen für die Filme und die Tonmischung.

Natürlich beschäftigte Herr Maiwald eine Cutterin. Sie war eine zierliche Dame mit freundlichen Augen. Sie mochte meine rohen, ungeschönten Aufnahmen nicht.

«Die Cutterin ist der natürliche Feind des Kameramannes», bemerkte Herr Maiwald dazu.

Einer der beiden jüngsten Mitarbeiter im Team war der Kameraassistent. Herr Maiwald nannte ihn Ernie, weil er mit seinem Haarschnitt und den dichten dunklen Augenbrauen aussah wie Bert aus der SESAMSTRASSE.

Der andere junge Mitarbeiter war Jan. Er recherchierte und organisierte. Wenn wegen irgendeiner blöden Panne beim Dreh, sonntags, auf einer einsamen Wiese, weit draußen auf dem Land, ganz dringend ein fahrbares Stromaggregat benötigt wurde – dann war Jan derjenige, der das in kürzester Zeit besorgen konnte.

15
«WER DAS SIEHT, HAT DEN FILM NICHT VERSTANDEN»

Meistens fangen **Sachgeschichten** kleine Alltagsereignisse ein, sie sollen einen Zusammenhang erklären oder eine Funktion. Aber oft müssen auch Vorgänge gezeigt werden, die man nicht sehen kann, weil sie im Inneren ablaufen, im Inneren einer Maschine oder sogar im Inneren eines lebendigen Menschen. Solche unsichtbaren Abläufe wollte Herr Maiwald am liebsten so zeigen, dass sie dennoch im wahrsten Sinne des Wortes *begreifbar* werden. Greifbar ist in Bildern nur, was ein Mensch aus seiner Umgebung kennt: Holz, Metall, Stein, Sand oder Sackleinen. Im Computer erzeugte Texturen gehören nicht dazu. Ein Modell oder eine Kulisse aus begreifbaren Materialien zu bauen, kann einfach sein, bei entsprechender Größe und Funktion aber auch ziemlich aufwändig werden. Wenn dieser Aufwand taugt, um einen Vorgang zu erklären, schreckt Herr Maiwald vor nichts zurück. So war es bei unserem nächsten Film. Da sollte ein bekannter Schauspieler mitspielen und zwei dutzend Statisten. Die Kulisse sollte so riesig sein, dass der Drehort so viel Platz bieten musste wie ein Flugzeughangar.

Herr Maiwald mietete eine alte Fahrzeughalle in der Kölner Südstadt.

Einige Tage lang waren Ernie, Jan und ich damit beschäftigt, haufenweise Taubenkot aus der alten Halle zu kehren. Durch schmale, fast blinde Oberlichter fiel das Sonnenlicht in staubigen Strahlen auf den Betonboden. Die hohen Wände waren aus schmutzig roten Ziegeln gemauert. An der

Rückwand der Halle war in riesigen, kaum noch lesbaren Lettern zu entziffern: «Rauchen verboten!» Der Schriftzug erstreckte sich über die gesamte Breite der Halle.

Unterhalb des Wortes «Rauchen» errichtete der Bühnenbildner aus rosafarbenem Schaumstoff eine liegende Röhre. Sie war groß genug, um einen Autobus darin zu parken. Gehalten wurde die Röhre von einer Umhüllung aus Maschendraht. Alles zusammen war mit Stahlseilen in der Deckenkonstruktion aufgehängt. Die rosa Schaumstoffkulisse schwabbelte und schwankte, wenn man hindurch ging. Das sollte ein Dünndarm sein.

Zwei Feuerwehrschläuche wurden in der Dekoration verlegt. Es würde nass werden.

Die Lichtstimmung sollte sein wie in einem Kellergang, stellte sich Herr Maiwald vor, trübe und funzelig. Riesige Dekoration, wenig Licht.

Der Bühnenbildner montierte Kellerlampen – solche Lampen mit Schalen aus dickem, geriffelten Glas und einem Gitter davor. Das Licht dieser Lampen reichte kaum, um das Filmmaterial zu belichten. Herr Maiwald wollte eine rundum bespielbare Kulisse. Öffnungen, durch die zusätzliches Licht von Filmscheinwerfern dringen könnte, waren nicht vorgesehen.

Aber *ein bisschen* mehr Licht brauchte die Dekoration. Deshalb schnitt ich alle zwei Meter runde Löcher in die schwammartige Wand der Dekoration, etwa so groß, dass man den Kopf hindurch stecken konnte. Außerhalb der Dekoration, stellte ich vor diesen Löchern Filmlampen auf. Deren Licht brachte zumindest stellenweise ausreichende Helligkeit ins Innere der Szenerie.

Was passiert im Dünndarm während der Verdauung? Diese Frage sollte der Film beantworten. Die zwei Dutzend Statisten stellten Enzyme und rote Blutkörperchen dar. Sie steckten in gelben und roten Anzügen aus Ölzeug, auf den Köpfen trugen sie Südwester, wie Hochseefischer. Das mussten sie auch. Farbige Plastiksäcke fielen als «vorverdaute Nahrung» von oben «aus dem Magen» in unseren rosa Dünndarm. Diese Plastiksäcke waren prall gefüllt mit Stroh. Sie kamen mengenweise angeflogen, geworfen von anderen Statisten, die hinter den Kulissen versteckt standen. Dazu schwappte kübelweise Wasser als «Magensäure» in die Kulisse. Die Enzyme und die Roten Blutkörperchen hatten alle Hände voll damit zu tun, die Nahrungssäcke aufzunehmen und im Dünndarm zu verteilen. Das Stroh in den Säcken wurde feucht. Es begann, zu gären. Es stank.

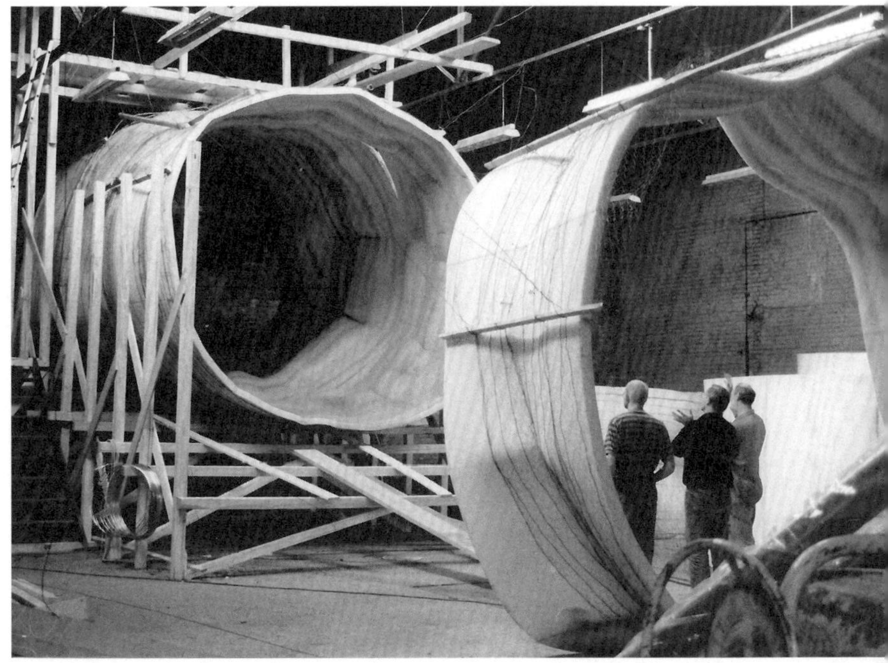

SENDUNG MIT DER MAUS / Innenleben: Was passiert im Dünndarm während der Verdauung?

Um uns herum rempelten die Statisten. Alles schwankte. Wir standen mit der Kamera mitten drin. Wasser spritzte. An ein Stativ war nicht zu denken. Der weiche Boden verformte sich unter unseren Füßen. Ich hielt die Kamera auf der Schulter und lehnte mich selbst mit dem Rücken in die vorgestreckten Hände der Assistenten Ernie und Stephan.

Die Szene spielte vor, neben und hinter uns. Die Kamera wurde Teil des Geschehens. Die strohgefüllten, nassen Plastiksäcke flogen, einer landete mit sattem Schwung auf der Kamera, wir bekamen einen vollen Schwall kalten Wassers ab – für einen Augenblick blieb mir die Luft weg. Klatschnass drehten wir weiter. Trotzdem mussten wir auf Bildanschlüsse und den richtigen Ausschnitt achten. Es war ja wichtig, welche Plastiksäcke als Fett, Ballaststoffe, Eiweiß oder Vitamine gelagert werden und wann sie wo hin abtransportiert wurden. Selten ließ Herr Maiwald eine Szene zweimal drehen, und wenn, dann nur, weil Herr Maiwald fand, dass die Statisten die Plastiksäcke nicht eifrig genug durchs Bild gewuchtet hatten.

In einer Großaufnahme sprach der Hauptdarsteller einen Text in die Kamera, da wurde ich von einem stürzenden Statisten gestoßen. Das Bild schaukelte. Wir drehten weiter.

Am Ende der Szene rief Herr Maiwald: «Schnitt! Aus!», und fragte mich: «War das was?»

«Ich weiß nicht», antwortete ich, «Man wird sehen, dass die Kamera angestoßen wurde.»

Herr Maiwald winkte ab: «Das wird sich auch bei einer Wiederholung kaum vermeiden lassen. Weiter! Nächste Szene!»

Die Statisten ließen sich bei jeder noch so kleinen Drehpause sofort in die weichen Wände der Kulisse fallen, um auszuruhen. Herr Maiwald scheuchte sie sofort wieder auf: «Ey! Nicht pennen! Es geht weiter!» Alle mussten mitspielen, auch diejenigen, die nicht im Bild waren, weil sie hinter der Kamera Plastiksäcke wuchteten.

Bei einer der folgenden Szenen schwenkte ich mit der Bewegung eines Statisten nach rechts. Im Bild sah man eines der Löcher, die ich in die Schaumstoffwand geschnitten hatte und die helle Filmlampe dahinter.

«Das wird man sehen», teilte ich Herrn Maiwald mit.

«Im Schwenk?», fragte er zurück.

«Also, wenn man den Film an dieser Stelle anhält, erkennt man die Lampe», erklärte ich.

Herr Maiwald antwortete knapp: «Wer das tut, hat den Film nicht verstanden.»

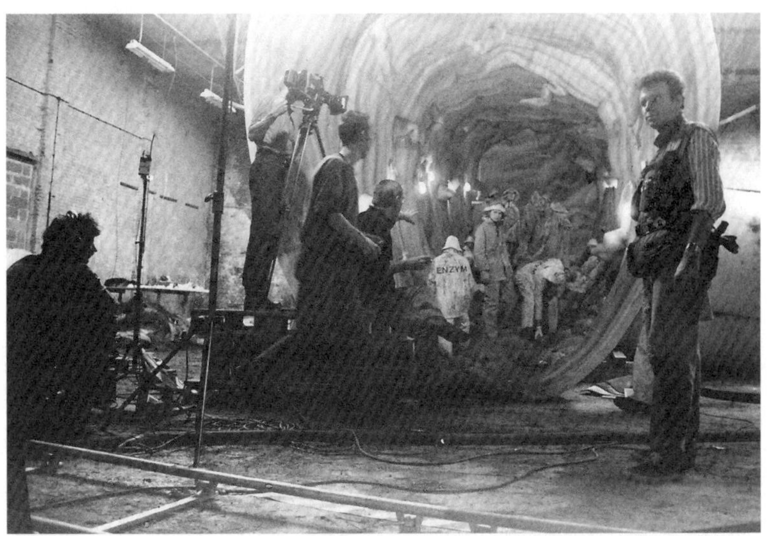

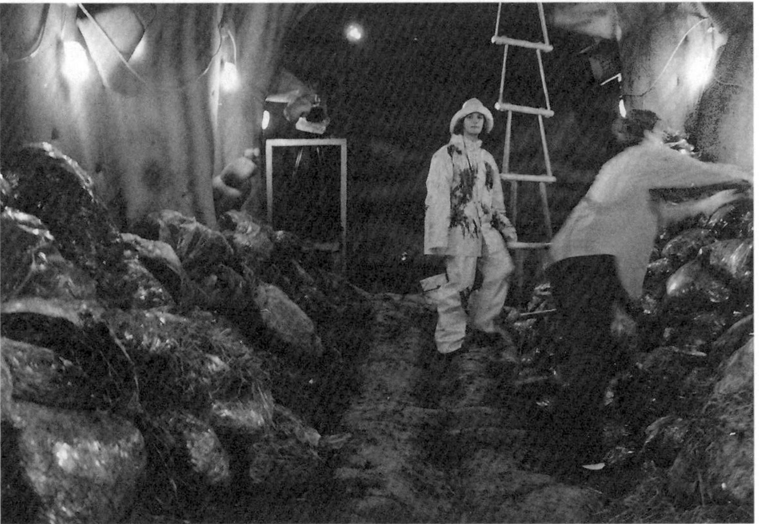

Sendung mit der Maus / Innenleben: Was passiert im Dünndarm während der Verdauung?

16
DER AUGENBLICK DER WAHRHEIT

Bei den Nachrichten wurde von uns Kameraleuten lediglich erwartet, dass wir wissen, welcher Minister in welchem Gebäude residierte, welche Bundestagsfraktion wo ihren Sitzungssaal hatte, wie einzelne Politiker gegenüber Journalisten eingestellt waren und welche Fernseh-, Radio- oder Fotografenkollegen rücksichtslos mit ihresgleichen umgingen. Die Ereignisse, die wir zu filmen hatten, waren abgestimmt zwischen den Notwendigkeiten einer Fernsehberichterstattung und den Bedürfnissen und Erwartungen der Politik. Sie wurden abgearbeitet wie sich wiederholende Rituale. Bei den Nachrichten war es einfach, zu verstehen, welche Absicht den Redakteur antreibt. Oder es war gleichgültig. Nachrichten wurden oft mit unzweckmäßigen Aufnahmen illustriert.

Glück und Schnelligkeit waren für einen Nachrichtenkameramann nützlich, um die Arbeit gut zu machen. Kein Staatsgast und kein Minister wäre ein zweites Mal aus seiner Limousine gestiegen, nur weil ein Kameramann den Augenblick verpasst hatte.

Auch Herr Maiwald wollte die Aufnahmen für einen Film immer möglichst schnell hinter sich bringen.

Wenn ich einen Schwenk besonders perfekt machen wollte und er mitbekam, dass ich diesen Schwenk mehrfach wiederholte, konnte er ungeduldig werden. Wenn ich vor lauter Ehrgeiz, eine Aufnahme perfekt zu gestalten, den *Augenblick der Wahrheit* verpasste, dann war ihm Perfektion weniger wichtig. Wenn sie aber aus erzählerischen Gründen geboten war, erwartete er natürlich gestalterische Perfektion – am besten ebenfalls auf

Anhieb. Ohne Probe. Denn entweder klappt die Aufnahme bei der Probe, dann hätte man auch gleich aufzeichnen können und die Aufnahme wäre im Kasten. Oder die Aufnahme gelingt eben nicht – dann muss man sie sowieso noch einmal drehen.

Die Wahrheit zeigen wollten auch die Redakteure mancher Privatsender, für die ich vorher gelegentlich gearbeitet hatte. Sie wollten in der nächtlichen Stadt halb bewusstlose Betrunkene zeigen, die von Rettungssanitätern versorgt werden mussten. Sie wollten rührende Bilder von jungen Katzen sehen, die von Feuerwehrleuten aus einem Baum gerettet wurden. Es ging um den Schauder der Gefahr, um die Fallhöhe von der hohen Leiter – oder um den gesellschaftlichen Abgrund, der hinter der nächsten Ecke lauert.

Herrn Maiwalds *Augenblick der Wahrheit* sollte die Echtheit der Aufnahmen unterstreichen, ihren dokumentarischen Wert: Durch die Einmaligkeit der Art, wie jemand etwas sagt, der kein Schauspieler ist, auch wenn er fast unverständlich spricht. Oder durch die genaue Beobachtung des Handgriffes, den jemand *jetzt* macht, um etwas in diesem Augenblick zu erledigen, und nicht, um es der Kamera zu zeigen. Das wäre ja wie aufgesagt.

17
«EINE FABRIK IST KEIN FILMSTUDIO»

Eine typische Sachgeschichte: die Herstellung eines Alltagsgegenstandes. So ein Ding, das jeder kennt und keiner groß beachtet: ein Speichenreflektor. Das ist so ein kleines gelbes Plastikding, das bei vielen Fahrrädern zwischen den Speichen der Räder klemmt. In der Fabrik wird ein Speichenreflektor aus zwei Hälften zusammengesetzt und verschweißt. Mit Ultraschall.

Dazu legte eine Mitarbeiterin in der Fabrik die beiden gelben Plastikhälften übereinander in eine Schablone, sodass die Innenseiten der Hälften aufeinander lagen. Die Schablone war eine von vielen auf einem runden Teller aus Metall. Die Schablonen für die Reflektoren waren auf dem Teller angeordnet, wie die Fünf-Minutenstriche auf dem Zifferblatt einer Uhr. Bei sechs Uhr legte die Frau zwei gelbe Plastikhälften in die Schablone, mit der rechten Hand die untere Hälfte, mit der linken die obere Hälfte. Die Maschine drehte den Teller mit den Schablonen einen Schritt weiter, immer im Uhrzeigersinn, die Frau legte die nächsten Hälften ein ...

Die Maschine drehte sich schrittweise weiter. Bei zwölf Uhr fuhr die Schablone mit den zwei lose übereinander gelegten Reflektorhälften unter einen Metallkasten. Unter dem Metallkasten wurden die beiden Hälften verschweißt. Sehen konnte man davon nichts. Schon drehte sich der Teller wieder einen Schritt weiter, bei drei Uhr wurde der verschweißte Reflektor ausgeworfen.

Also, was konnten wir davon zeigen? Wir konnten zeigen, das die Mitarbeiterin am Anfang zwei gelbe Plastikteile übereinander in die Maschine einlegt – und dass am Ende aus der Maschine ein gelber Reflektor plumpst. Sieht fast aus, als wäre er aus *einem* Stück Plastik.

Viele Möglichkeiten, der Mitarbeiterin bei ihrer Tätigkeit mit meiner Kamera über die Schulter zu schauen, hatte ich nicht. Leider verdeckte mir die Frau mit ihren Händen das Bild genau dann, wenn man sehen sollte, dass sie *zwei* lose Plastikhälften übereinander in die Maschine legt.

Kein Problem, dachte ich und fragte die Dame:

«Können Sie die beiden Teile auch nur mit der rechten Hand einlegen? Ihre linke Hand verdeckt mir immer das Bild.»

Übergangslos nahm die Mitarbeiterin die Teile nur mit ihrer rechten Hand und legte sie einhändig in die Schablone.

«Bist du wahnsinnig!?», regte sich Herr Maiwald auf, «Das ist hier kein Filmstudio! Die Frau macht ihre Arbeit, sie hat ihre Handgriffe, ihren Rhythmus! Und du musst sehen, wie du mit der Kamera da hinkommst! Wir verändern hier nichts.»

18 NICHTS GEBAUT, NICHTS GESTELLT – NUR GUT BEOBACHTET

Um zu zeigen, dass Heftpflaster nicht an Bäumen wächst, drehten wir die Herstellung in der Fabrik. Die Heftpflastermaschine fügte die verschiedenen Materialien, aus denen so ein Heftpflaster besteht, zusammen. Ein hautfarbenes Stoffband, eine Wundauflage aus Mull und zwei weiße Papierstreifen auf alles zusammen, um die Wundauflage zu schützen und die klebenden Flächen abzudecken. Diese einzelnen Materialien wickelte die Maschine von verschiedenen Rollen ab, legte sie übereinander und wickelte das fertige Heftpflaster am anderen Ende wieder auf. Das ging höllisch schnell. Alle paar Minuten musste jemand kommen, um die abgewickelten Vorratsrollen mit Material durch volle Rollen zu ersetzen. Mit wenigen Handgriffen. Auch das ging schnell.

Herr Maiwald, Ernie, Jan und ich standen in weißen Kitteln und mit Vlieshäubchen auf dem Kopf neben der Maschine. Es war so laut, dass wir uns nur rufend verständigen konnten.

Die ganze Apparatur war nicht länger als ein Bettgestell, also recht übersichtlich. Wir sollten die einzelnen Arbeitsschritte in Großaufnahmen filmen: Abwickeln, Luftlöcher stanzen, Wundauflage aufbringen, Schutzstreifen aufbringen, wieder aufwickeln. Aber weil die Maschine nicht zum Filmen gemacht war, musste man für jeden Arbeitsschritt mit Licht und Kamera herumrücken, um den richtigen Blickwinkel für die Kamera zu finden und die entscheidende Stelle so beleuchten, dass man gut sehen konnte, was in der Maschine passiert – ohne dass ein anderes Bauteil der Maschine einen Schatten da hin wirft, wo wir gerade hingucken wollten.

Das war manchmal etwas fummelig. Ich beeilte mich sehr. Trotzdem kam es immer wieder dazu, dass die Vorratsrolle auf der Maschine gewechselt werden musste, kurz bevor ich mein Bild fertig hatte und den Auslöser drücken konnte. Die Arbeiterin an der Maschine wechselte die Vorratsrollen, was vielleicht ein oder zwei Minuten dauerte, dann lief die Maschine weiter und wir konnten unser Bild drehen, einmal, vielleicht eine zweite Einstellung noch größer, fertig. Nächstes Bild einrichten. Ich kam mir ungeheuer schnell vor. Schnelligkeit hatte ich bei den Nachrichten gelernt. Ich hatte den unerwarteten Augenblick der Öffnung der Berliner Mauer erlebt und mit der Kamera eingefangen. Ich bin ein schneller Kameramann, dachte ich. Da rief mir Herr Maiwald ungeduldig ins Ohr: «Schneller! Mach' schneller! Gleich muss schon wieder die Rolle gewechselt werden! Wenn du so weiter machst, stehen wir übermorgen noch hier!»

Wozu diese Eile?

«Hier ist nichts gestellt, hier ist nichts gebaut», sollten die Aufnahmen sagen. Alles sollte aussehen wie beiläufig gefilmt.

Himmel, was mach ich nur, wenn der mich weiter so antreibt?

Erstmal alles reduzieren. Nur das nötigste Licht und auch sonst nur das, was wirklich nötig ist, um zu zeigen, was wichtig ist.

Trotzdem: deutlich muss das Bild doch sein, den Blick des Zuschauers zum Wesentlichen lenken. Sonst braucht man es doch nicht zu filmen. Wie bringe ich Deutlichkeit und Schnelligkeit zielsicher zusammen?

19
DAS EINEINDEUTIGE BILD

Seit Armin Maiwald fünfzig Jahre alt war, arbeitete er nur noch mit Leuten, die seine Kinder sein könnten. Als würden alle Kameraleute mit Mitte fünfzig aufhören, zu arbeiten.

Wo waren die erfahrenen Kollegen?

Nun hatte Herr Maiwald Mühe, mir beizubringen, worauf es ihm ankam. Es hat einige Zeit und viele Abende bei Kölsch und Espresso gebraucht, bis wir uns halbwegs verstanden.

Einmal saßen wir nach einem Drehtag zusammen im «Weinhaus Vogel» – wir: Herr Maiwald, sein Aufnahmeleiter, Ernie und ich. Wir saßen innen im Lokal, in trübem gelblichen Licht, an einem der Tische mit heller, gescheuerter Holzplatte und dunkler Holzvertäfelung an den Wänden. Der Laden war voll. Im Schankraum dröhnten die Stimmen der Gäste derartig laut, dass man mit seinem Gegenüber am Tisch reden musste, als wäre der andere schwerhörig.

Bei der Art, wie Herr Maiwald mich filmen ließ, blieben mir wenige Möglichkeiten, *schöne*, stimmungsvolle Bilder zu drehen. Ich argumentierte, dass *schöne Bilder* wichtig wären, um die Aufmerksamkeit der Zuschauer zu binden.

Herr Maiwald hielt entgegen, dass er nur zweckmäßige Bilder brauchte. Bilder ohne unnötiges drumherum, Bilder, die nur zeigen, was sie zeigen sollen, ohne Ablenkung – eindeutige Bilder: «In der Mathematik gibt es den Begriff der *Eineindeutigkeit*», erklärte Herr Maiwald. Bei jedem Wort tippte er mit dem Zeigefinger auf die hölzerne Tischplatte zwischen uns, «und wir brauchen *eineindeutige* Bilder, Bilder die keine zweite Interpretation zulassen. Ein Bild, das ein Streichholz zeigt, soll nur ein Streichholz zeigen und nichts als ein Streichholz.»

«Zwei Kölsch!», sagte der Köbes, nahm unsere leeren Gläser vom Tisch, stellte uns zwei frisch gezapfte Biere hin und machte zwei Striche auf Herrn Maiwalds Deckel. Weil wir so eifrig redeten, tranken wir schneller als die beiden anderen.

«Aber das Bild zeigt auch immer den Hintergrund, auf dem das Streichholz liegt», erwiderte ich, «Es sagt dann: Hier liegt ein Streichholz auf blauer Pappe.»

«Ja, das stimmt», gab Herr Maiwald zu, «aber das Bild ist in jedem Fall so weit als möglich reduziert.»

Bis da hin war ich immer so verfahren: Wenn ein Auftraggeber mich fragte, ob ich diese oder jene Arbeit könnte, habe ich schnell geantwortet: «Jaja, hab' ich schon mal gemacht.» Stimmte meistens sogar. Ich wusste, worum es ging, ich wusste, wie man es im Prinzip machen musste, ich hatte es vielleicht sogar schon ausprobiert – mit welchen Ergebnis auch immer.

Man musste die Arbeit irgendwie hinkriegen. Wenn's nicht klappte, war der Ruf versaut.

Wenn die Arbeit gelang, war man um eine Erfahrung reicher und der Ruf poliert.

So läuft das im Medienhandwerk.

Bei Herrn Maiwald würde das schwierig werden. Er ließ keine Gelegenheit aus, um vorzumachen, was er kann.

20
DER FILMHANDWERKER

Herr Maiwald sah die elektronische Bildaufzeichnung skeptisch. In zahllosen Fernsehspielen, genau wie bei ROBBI, TOBBI UND DAS FLIEWATÜÜT, hatte er gründliche Erfahrungen mit den Vorteilen und Möglichkeiten der Elektronik gesammelt. Aber er hatte auch die Anfälligkeit der Elektronik kennen gelernt. Mit einer elektronischen Kamera Aufnahmen bei Regenwetter machen? Ohne Schirm oder Regenhaube? – Vorsicht!

Mit einer elektronischen Kamera auf dem Flughafen im «Sichtbereich» des Vorfeldradars drehen? Es konnte passieren, dass der Radarimpuls eklige Störungen im Bild verursacht. Solche Bildstörungen konnten auch durch elektromagnetische Kräne auf einem Schrottplatz verursacht werden. Das sind alles ganz gewöhnliche Drehorte. Feuchtwarme Luft wie im Schwimmbad konnte dazu führen, dass die elektronische Kamera sich abschaltete. Die dürftige Kontrastwiedergabe der elektronischen Bilder war nicht zu vergleichen mit den Möglichkeiten des Filmmaterials. Das konnte einen strahlenden Himmel und tiefe Schatten in einem einzigen Bild brauchbar durchzeichnen. Was Herrn Maiwald als Produzent aber am wichtigsten war: Bei digitalem Aufzeichnungsmaterial ist nie sicher, wer das Original besitzt, denn eine digitale Kopie unterscheidet sich nicht vom Original. Das Original eines Filmnegativs ist zweifelsfrei zu identifizieren.

Bei den Nachrichtenleuten hatte die *Betacam* die Filmkamera endgültig abgelöst. Die Betacam war eine elektronische Kamera. Sie zeichnete Bilder und Ton gleichzeitig auf einem Magnetband auf. Sie war die erste elektronische Kamera, in der Aufnahme und Speicherung in einem Gerät erfolgte. Man konnte sie wie eine Filmkamera auf der Schulter tragen. Allerdings war die Betacam doppelt so schwer. Sie wog so viel wie ein Kasten Bier.

Die Bilder, die eine Betacam damals lieferte, werden heute von der Kamera jedes einfachen Mobiltelefons bei weitem übertroffen. Auch das war für Herrn Maiwald ein Grund, beständig auf Film zu drehen: Die Qualität der elektronischen Bildaufzeichnung veränderte sich rasant. Ebenso rasant lösten sich die Aufzeichnungsnormen ab und waren oft nicht kompatibel.

Bis Mitte der 1980er-Jahre waren bei den Nachrichten noch Filmkameras eingesetzt worden, auch bei Interviews, Pressekonferenzen, bei Demos und Staatsbesuchen.

Die 16-mm-Filmkameras waren kleiner und leichter als die Betacam. Sie konnten auf einer Rolle Film zwar nur zehn Minuten Bilder aufzeichnen. Aber die Filmbilder hatten schon damals eine Qualität, die so gut war, wie ein gewöhnliches Fernsehbild im Jahre 2021.

Der Filmstreifen speicherte kein *Signal*, sondern hielt die Aufnahmen als eine Reihe richtiger kleiner Bilder fest, die man zur Not mit bloßem Auge im Gegenlicht des Zimmerfensters angucken konnte. Der Film lässt sich sehr gut aufbewahren – über hundert Jahre. Er kann später verlustfrei auf jedes modernere elektronische Bildsystem in bester Qualität übertragen werden. Das ist der unübertroffene Wert von Film.

Film ist *High-Definition-Material* aus der Vergangenheit.

Aber: eine Filmaufnahme kann man sich nicht sofort angucken. Das Material muss nach der Aufnahme erst entwickelt werden. Und den Ton kann eine normale Filmkamera auch nicht gleichzeitig mit aufzeichnen.

Einen Filmstreifen kann man nicht löschen und noch mal belichten. Deshalb ist Film teuer.

Beim Drehen ist das Ohr des Kameramannes so nah an der Kamera, dass er das leise Laufgeräusch hören kann. Das Geräusch entsteht, während die Kamera die Filmrolle im Inneren der Kassette auf einer Seite abwickelt, belichtet und auf der anderen Seite wieder aufwickelt: ein ganz feines und leises Rattern in der Kassette.

Ich zählte mit, während die Filmkamera lief: einemarkfünfzig ... einemarkfünfzig ... einemarkfünfzig ...

Eine Mark fünfzig kostete der Meter Rohfilm in der Anschaffung – heutzutage in Euro sogar einssechzig. Ein Meter Film läuft in fünf Sekunden durch die Kamera. Klar, dass man beim Drehen auf Film viel konzentrierter ist.

Bei einer Aufnahme auf ein digitales Medium, das vielfach wiederverwendet werden kann, macht es keinen finanziellen Unterschied, ob man ein Bild aufnimmt oder nicht. Der wesentliche Vorteil der elektronischen Bildaufzeichnung ist, dass man sich das aufgenommene Bild sofort nach der Aufnahme angucken kann. Aber einen verpassten Augenblick kann man damit nicht herzaubern.

Beim Film fragte man sich: «Muss ich das aufnehmen, um diese Geschichte zu erzählen? Was ist hier wirklich wichtig?»

Man begann, während der Aufnahme mitzusprechen, was die Szene erzählte.

Manchmal ging es auch umgekehrt.

Herr Maiwald hatte einen Text geschrieben, und jetzt mussten wir dazu die passende Filmaufnahme drehen. Im Text wurde erzählt, dass wir für eine bestimmte Filmaufnahme auf die Schwäbische Alb zum «Institut für Mikrofotografie» auf Schloss Weißenstein gefahren sind. Der Text hatte eine bestimmte Länge, zu der die Dauer der Filmszene genau passen musste. Sie sollte ein Bild zeigen, das nicht vom gesprochenen Kommentar ablenkte.

Die Landstraße bog sich an einem Hang entlang. Wir hatten den Team-Bus auf dem Seitenstreifen geparkt. Hinter der Leitplanke drückten Ernie und ich die Füße des Stativs in den abschüssigen Grasboden, obendrauf setzten wir die Filmkamera mit Zoomobjektiv.

Der steile Hang auf der gegenüberliegenden Seite des Tales war von dunkelgrünem Wald bedeckt. Zwischen den Baumkronen ragten die gelblichen Giebelmauern und verwinkelten Dächer des alten Schlosses hervor.

Im Drehbuch hatte Herr Maiwald geschrieben:

«Zoomfahrt auf das Schloss, Text dazu:...»

«Pass auf», sagte Herr Maiwald zu mir, «ich lese dir jetzt den Text laut vor und du zoomst währenddessen langsam, von der totalen Einstellung kommend, auf das Schloss zu. Wäre schön, wenn du gleichzeitig mit dem Ende meines Textes am Anschlag der Teleeinstellung landest.»

«Ok», sagte ich, «dann würde ich das gerne einmal probieren.»

«Von mir aus können wir das auch gleich drehen», meinte Herr Maiwald, «aber wenn du willst – also bist du so weit?»

«Ja.»

Herr Maiwald las und ich zoomte. Bei der Filmkamera zoomte man mit der Hand. Dafür gab es einen Hebel am Zoomring des Objektives, den Zoomhebel, der etwa so lang ist wie ein Kugelschreiber.

Herr Maiwald senkte die Stimme am Ende des letzten Satzes. Gleichzeitig führte meine Hand den Zoomhebel butterweich an den Anschlag im Telebereich.

«Passt. Können wir so machen», sagte ich.

«Und warum hat das jetzt wieder keiner gedreht?», fragte Herr Maiwald. Das sagte er immer, wenn eine Probe gelungen war.

«Also los, wir drehen», sagte Herr Maiwald.

Ernie drückte den Auslöser der Kamera, Herr Maiwald begann zu lesen und ich zog langsam den Zoomhebel. Während ich durch den flimmernden Sucher schaute, bekam ich das Gefühl, meine Zoomfahrt sei nicht so schön gleichmäßig, wie sie sein sollte. Der Zoomring lief sehr locker im Objektivtubus, ohne Widerstand. Mir schien es, als würde sich jedes Zittern meiner Hand sofort übertragen. Wir landeten zwar gleichzeitig an Satzende und in Teleeinstellung, aber ich hatte das deutliche Gefühl, ruckelig gezoomt zu haben.

«Und, war das was?», fragte Herr Maiwald.

«Jaaa ... ich würd's gern noch mal machen. Die Fahrt war nicht gleichmäßig ... der Zoom läuft zu leicht», bemerkte ich etwas unsicher.

«Also gut ...»

Wir drehten die Zoomfahrt noch mal.

Ich fand es besser, aber immer noch nicht schön. Also noch einmal. Diese Aufnahme konnten wir nicht mal eben nachdrehen. Schließlich hatte die Anreise einige Stunden gedauert.

Und noch einmal.

Beim vierten Mal war ich schon leicht angespannt, weil ich wieder das Gefühl hatte: «Da war doch ein Ei in der Fahrt.»

«Herr Maiwald, Sie können mir die Rolle vom Honorar abziehen, ich werde das auch hinkriegen, aber ich brauche noch ein paar Versuche, bis es sicher passt. Schade, bei der Probe lief's einwandfrei.»

Wir drehten noch ein paar Versuche, die Filmrolle war fast voll. Immer wieder derselbe Zoom, der vielleicht zwölf Sekunden dauerte. Auf der Filmrolle war noch Material für etwa eine Minute, da sagte Herr Maiwald: «Junge, schraub den Zoomhebel ab und fass' den Zoomring mit der Hand. Den Zeigefinger lässt du dabei über den Objektivtubus rutschen, wie eine Bremse. Dann spürst du die Geschwindigkeit in der Fingerspitze.»

Noch einmal. Herr Maiwald las und ich zoomte. Hat auf Anhieb geklappt.

Eine Woche später saßen wir am Schneidetisch und schauten uns die Aufnahmen von Schloss Weißenstein an. Neun Minuten lang immer wieder die selbe Zoomfahrt auf das Schloss. Wir guckten eine Ranfahrt nach der anderen.

«Also, ich seh' da keinen Unterschied», sagte Herr Maiwald schließlich, «von der ersten bis zur letzten. Da ruckelt nix.»

Ich sah auch keinen Unterschied.

«Komisch», bemerkte ich, «für mich sah das so aus, als wären die Zooms alle ungleichmäßig. Also, den Preis der Filmrolle ziehen Sie von meinem Honorar ab.»

«Quatsch», sagte Herr Maiwald. «Mir ist es schon lieber, dass ich zu viele Aufnahmen habe. Das ist besser, als wenn etwas fehlt oder unbrauchbar ist.»

Nachher, beim Filmschnitt haben sie gleich die erste Zoomfahrt genommen. Den Rest der Filmrolle hat die Cutterin kopfschüttelnd in den Abfalleimer gespult.

21
KÖLN, ALTSTADT-NORD VON OBEN

«So von oben, da lernt man 'ne ganze Menge», behauptete der Spatz und flatterte los, Richtung Eigelstein. Aus der Vogelperspektive sah das so aus:

Mitten in Köln. Im Viertel zwischen dem gewölbten Dach des Hauptbahnhofs und diesem alten Hochhaus, dass aus dunkelroten Ziegelsteinen gemauert ist. Über eine breite Eisenbahntrasse rollen die Züge zum und vom Hauptbahnhof. Nicht weit von den Gleisen, in einer der vielen schmalen Gassen, steht ein sechsstöckiges Haus, weiß verputzt. Auf einer Dachterrasse wächst ein kleiner Baum. Das ist Armins Haus. Es steht Wand an Wand mit den anderen hohen Häusern in der Straße. Ihre Dächer sind mit dunkelbraunen Ziegeln gedeckt, manche fast schwarz, die Fassaden sind grau oder gelb. Und auf der gegenüberliegenden Straßenseite stehen genau so hohe Häuser. Die schmale Straße ist eng wie eine Schlucht. Schräg gegenüber von Armins Laden ist eine kleine Kneipe. Davor stehen dicke Frauen mit blondierten Haaren. Sie rauchen und scheinen auf jemanden zu warten. Auf der Straßenseite gegenüber der Kneipe gibt es einen Kiosk und ein winziges italienisches Restaurant. Auf den Treppenstufen zu den Eingängen und auf den Simsen der Schaufenster sitzen Männer mit dunklen Haaren, rauchen und klopfen Sprüche.

An der Straßenecke schräg gegenüber von Armins Haus steht ein Verkehrsschild.

«Von da kannste schön in Armins Firma gucken», erklärte der Spatz, «Zwei Garagentore! Dazwischen schmale Fenster. Die reichen bis zum Boden. Drinnen schwarzer Teppichboden. Darauf steht ein runder weißer Tisch. Morgens sitzen die oft um diesen Tisch herum. Armin und sein Team. Sie trinken Kaffee und machen angestrengte Gesichter.»

22
DREH, SCHNITT, SCHLAFEN, DREH

Die Existenzgrundlage des Freiberuflers besteht in seiner Zuverlässigkeit und der Bereitschaft, jederzeit und unter allen Umständen zu arbeiten.

Herr Maiwald arbeitete unermüdlich. Er schrieb Drehbücher, damals noch mit der Hand. Am liebsten mit der schwarzen Tinte aus so einem gelb-weiß gestreiften Fineliner.

Er führte Regie bei den Dreharbeiten.

«FLASH Film» hatte über die MAUS-Filme hinaus noch den Auftrag, Schulungsfilme für einen Lebensmittelkonzern zu drehen.

Herr Maiwald fand kaum Zeit, das gedrehte Filmmaterial gemeinsam mit der Cutterin zu schneiden. Alle Filme mussten zu einem vereinbarten Zeitpunkt fertiggestellt werden.

Schließlich kam es so weit: Die ganze Woche über drehte Herr Maiwald mit uns am Tage für einen Film, der zeigte, wie sich die Stadt Köln vor dem nächsten Rheinhochwasser schützen wollte. Nachts überwachte er in einem Videostudio die Fertigstellung der Filme für den Lebensmittelkonzern.

Am Wochenende sollten wir fürs Frühstücksfernsehen den Pilotfilm für eine neue Reihe mit dem Titel «Straße der Romanik» drehen. Unser Drehort sollte die Kirche im Dorf Groß Ammensleben sein. Das waren von Köln aus mindestens vier Stunden Autofahrt. Am Montag mussten wir wieder pünktlich zurück sein zum nächsten Drehtermin für den Hochwasserfilm.

Am Samstag vor dem ersten Advent, früh am Morgen, luden wir die Kameraausrüstung in den VW-Bus. Draußen war es noch dunkel.

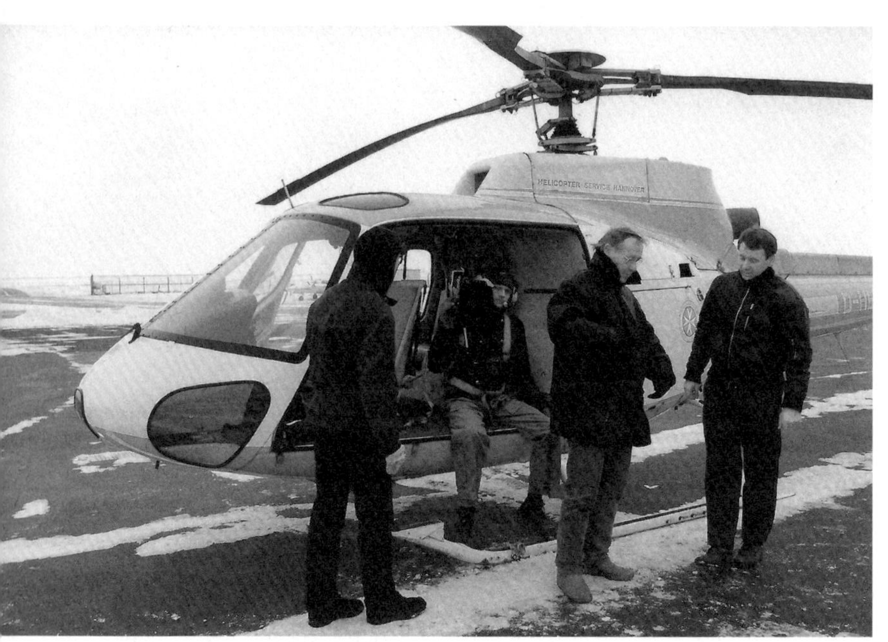

Straße der Romanik, Flugplatz Magdeburg.

Mit einigen Lampenkisten und einer dicken Lage schwarzem Molton bauten wir zwischen Fahrersitz und Rückbank eine Liegefläche in den Fahrgastraum. Pünktlich zur Abfahrt kam Herr Maiwald von der Nachtschicht. Das mit dem Liegeplatz war nicht abgesprochen. Herr Maiwald sagte auch nichts weiter dazu, sondern legte sich hin, als hätten wir den Schlaf dienstlich angeordnet. Trotzdem hatte ich das Gefühl, dass er auch noch gefahren wäre, wenn wir ihn gefragt hätten.

Seine Arbeitsmoral, diese Unermüdlichkeit, mit der er arbeitete, war mir geradezu unheimlich. Sie machte mich ehrfürchtig.

Irgendwo zwischen dem Teutoburger Wald und Hannover begann die geschlossene Schneedecke. Aber die Autobahn war geräumt. Wochenende, keine Lastwagen, wir kamen gut durch. Als wir mittags auf dem kleinen Flugplatz in Magdeburg ankamen, saß Herr Maiwald schon wieder wach, mit etwas zerzausten Haaren, auf der Rückbank.

Während dieser Dreharbeiten habe ich über Herrn Maiwald dreierlei gelernt:

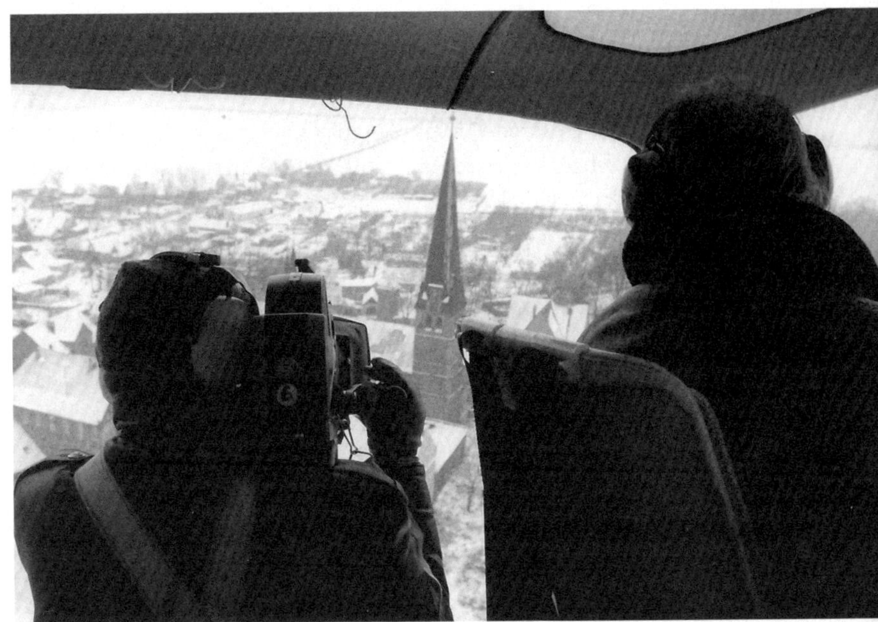
Straße der Romanik, Flug über Groß-Ammensleben

Erstens: Er kennt sich mit Luftaufnahmen aus.

Wir standen auf dem zugigen Vorfeld neben dem Hubschrauber. Während ich mir lange Unterhosen, dicke Socken, Jeans und einen zweiten Pullover anzog, erklärte Herr Maiwald dem Hubschrauberpiloten genau, aus welcher Flughöhe er Aufnahmen vom Dorf Groß Ammensleben brauchte, welchen Blick auf die alte Klosteranlage er sich vorstellte und von wo aus die Runde um die Kirche geflogen werden sollte.

Dann haben der Pilot und Herr Maiwald mich und die Kamera mit Gurten in der offenen Seitentür des Hubschraubers gesichert.

In unserer Flughöhe betrug die Außentemperatur minus zehn Grad. Die Landschaft unter uns war tief verschneit. Sobald ich in den Sucher schaute, beschlug das Okular und ich konnte mein Bild nur noch schemenhaft erkennen. Doch der Pilot hatte offenbar ein Gefühl für Bilder und war gleichzeitig so spezifisch eingewiesen, dass ich nur einmal zielen musste und er mir dann die Aufnahme flog. Nur die dunkle Kirchturmspitze konnte ich wie in dichtem Nebel gerade noch erkennen. Sie hob sich deutlich vor der Schneelandschaft ab. Der Pilot flog die Runde um den Kirchturm so, dass mir die Turmspitze im beschlagenen Sucher nicht aus der Bildmitte rutschte.

Nach der Landung fuhren wir vom Flugplatz aus durch Magdeburg nach Groß Ammensleben. Wir waren eine gute halbe Stunde unterwegs. Als wir am Ziel ankamen und den VW-Bus vor einem der Pfarrhäuser parkten, war es schon fast dunkel. Ich schaltete den Motor ab. Jan, der auf dem Beifahrersitz saß, und ich drehten uns nach hinten zur Rückbank um.

Da saß Ernie und grinste. Neben ihm lag Herr Maiwald auf der Liege, die wir aus Lampenkisten und Molton gebaut hatten. Er schlief.

«Wir sind da, Herr Maiwald», rief ich nach hinten.

Nichts.

«Herr Maiwald?», rief ich lauter.

Keine Reaktion.

«Herr Maiwald!», rief Jan.

Stille. Er schien nicht mal zu atmen.

«Nu' isser tot», dachte ich, «totgearbeitet.»

Was machen wir jetzt?

Jan zögerte einen Moment, dann erinnerte er sich: «Warte mal ... der hat irgendwann mal so 'was erzählt, dass er manchmal nur wach wird, wenn ihn jemand bei seinem Vornamen ruft ...»

«Mach' du das», sagte ich, «Du kennst ihn schon länger».

Jan holte tief Luft, dann rief er kurz: «Armin!!»

«Hu?», machte Herr Maiwald, richtete sich auf und guckte sich verschlafen im trüben Licht um.

«Wir sind da», erklärte Jan.

Herr Maiwald versuchte sich die Haare glatt zu streichen. Ganz wach, als hätte er nicht gerade noch fest geschlafen, forderte er uns auf: «Na dann los», und öffnete die Seitentür.

Zweitens: Herr Maiwald kann, wenn es sein muss, ewig wach bleiben. Und er kann, wenn es sein muss, überall schlafen.

Wir gingen zum katholischen Pfarrhaus. Dort waren wir verabredet, um mit dem Pfarrer zu besprechen, was am Sonntagvormittag gedreht werden sollte.

Im Anschluss hatten wir einen entsprechenden Termin, gleich nebenan, im evangelischen Pfarrhaus. Die Kirche in Groß Ammensleben wird von beiden Konfessionen benutzt.

So drehten wir am Sonntagvormittag in zwei Gottesdiensten nacheinander. Bei der einen Konfession waren viele Gläubige anwesend und es wurde geheizt, bei der anderen Konfession kamen weniger Menschen zum Gottesdienst. Außerdem war die Heizung aus.

Beim ersten Gottesdienst standen wir links im Kirchenschiff mit Blick zum Altar, beim anderen Gottesdienst hatten wir uns rechts aufgestellt. Herr Maiwald wollte, dass wir jeweils nur einige kurze Einstellungen drehen, ganz leise, ohne zu stören und dann hinaus gehen, um Außenaufnahmen zu machen. Da begann die Gemeinde zu singen «Macht hoch die Tür ...»

Jan bekam leuchtende Augen. Er hielt das Mikrofon hoch und lauschte in die Kopfhörer hinein. Am Tonrecorder blinkte die rote Kontrolleuchte.

«Ok, genug», sagte Herr Maiwald, «reicht.»

Jan legte den Zeigefinger der freien Hand an die Lippen.

Herr Maiwald sagte nichts weiter, wurde aber etwas unruhig.

Nach der zweiten Strophe beendete Jan die Aufnahme.

«Endlich», stöhnte Herr Maiwald leise, «Los, raus.»

Wir verließen die Kirche.

«Warum ist er denn so ungeduldig?», fragte ich Jan.

«Vielleicht will er einfach nur eine rauchen», vermutete er.

Herr Maiwald war hinter uns im Seitenportal stehen geblieben und steckte sich eine Zigarette an.

Drittens: Wenn Herr Maiwald während der Aufnahmen ungeduldig wird und lieber eine rauchen will, ist bestimmt alles, was er für seinen Film braucht, im Kasten.

23
PAPPKULISSEN, FINSTERE FILMTRICKS UND EIN KILO ECHTES GOLD

Den Film hätte man kurzerhand im Studio drehen können, mit Wasserglas und ein paar kleinen Proben verschiedener Elemente. Ein Holzklotz und ein Stück Eisen hätten genügt, um vorzuführen, dass Gegenstände aus verschiedenen Materialien bei gleichem Gewicht unterschiedlich groß sind. Ein Holzklotz, der ein Kilogramm wiegt, ist viel größer, als ein Stück Eisen mit dem gleichen Gewicht. Also verdrängt der Holzklotz mehr Wasser. Für einen Film hätte man alle notwendigen Requisiten übersichtlich geordnet auf einem Tisch im Studio aufbauen können: Eine Waage, um Holzklotz und Eisen zu wiegen, ein kleines gläsernes Wasserbecken mit Überlauf, randvoll mit Wasser und ein Messbecher zum auffangen des verdrängten Wassers. Mit unverstelltem Blick auf das Experiment wäre in *eineindeutigen* Filmbildern die Frage geklärt: Was ist eigentlich das *spezifische Gewicht*?

Aber so ein Film wäre langweilig gewesen.

Dagegen war die Sage um den Physiker Archimedes eine schöne Geschichte für einen Film. Leider erklärte diese Sage den Sachverhalt um das *spezifische Gewicht* nur ungenau. Archimedes sollte vor 2000 Jahren in der Badewanne auf die Idee gekommen sein, wie man das spezifische Gewicht eines beliebigen Gegenstandes ermitteln kann. Mithilfe des spezifischen Gewichtes wollte er ermitteln können, aus welchem Material ein Gegenstand gefertigt ist. Das sollte er nämlich. König Hieron hatte ihn beauftragt, festzustellen, ob seine Krone wirklich aus purem Gold gefertigt ist.

Kein Problem für Filmleute! Man müsste nur zwei gleiche Kronen anfertigen, eine aus Aluminiumblech und eine aus Eisenblech, mit goldenem Lack ansprühen – fertig. Sehen beide gleich aus, sind gleich groß, aber unterschiedlich schwer und schon wird das Prinzip klar!

Herr Maiwald beauftragte einen Bühnenbildner. Der baute Kulissen aus Pappe und Styropor in Herrn Maiwalds Garten. Eine Fassade mit verzierten Säulen stellte den Palast des Königs Hieron dar. In einer anderen Ecke des Gartens wurde eine zweite Fassade aufgebaut. Sie sah ärmlicher aus. Das sollte das Haus des Archimedes sein. Davor stellten wir einen riesigen Holzbottich – als Badewanne. Der Bühnenbildner malte die Styroporsäulen und Pappwände so an, dass sie selbst von nahem aussahen, als wären sie aus Stein.

Ernie wurde beauftragt, ein Stück Holz zu besorgen, dass genau ein Kilogramm wog. Außerdem sollte er zwei Stücke Eisen beschaffen, die beide jeweils ein Kilo wiegen sollten. Das eine Stück Eisen war ein massiver Vierkantstab, das zweite Stück war ein völlig verbogenes Eisenblech.

Herrn Maiwalds Frau Ulla war Kostümbildnerin und besorgte Kostüme für einen Archimedes und einen König. Beide Figuren wollte Herr Maiwald selbst darstellen. Es wurden Perücken und falsche Bärte besorgt und eine Maskenbildnerin für die Dreharbeiten gebucht. Also, statt einer gefilmten Physikstunde stand uns die Produktion eines kleinen Kostümfilms bevor.

«Hast Du schon mal mit einer Bildteilung gearbeitet», fragte mich Herr Maiwald.

«Ja klar!», antwortete ich selbstbewusst.

Naja, ich hatte damit gespielt.

Ich hatte diesen Filmtrick als Schüler mal ausprobiert. Auf Super-8-Film. Zuhause im Garten. Die fertige Aufnahme sah aus, als stellte sich mein kleiner Bruder neben seinen Doppelgänger.

Damit Herr Maiwald gleichzeitig als König Hieron und als Archimedes in einem Bild auftreten konnte, und die beiden Figuren miteinander agieren konnten, musste in einigen Szenen das Bild geteilt werden – natürlich so, dass man die Bildteilung nicht sah. Das konnte zum Beispiel so aussehen: In die linke Bildhälfte kommt Archimedes, bleibt stehen und verbeugt sich vor seinem König, der in der rechten Bildhälfte auf dem Thron sitzt.

Pappkulissen im Garten der Produktionsfirma, Kostüme, angeklebte Bärte und Perücken, Doppelgängeraufnahmen – ein ganzer Film aus Illusionen.

Nicht ganz.

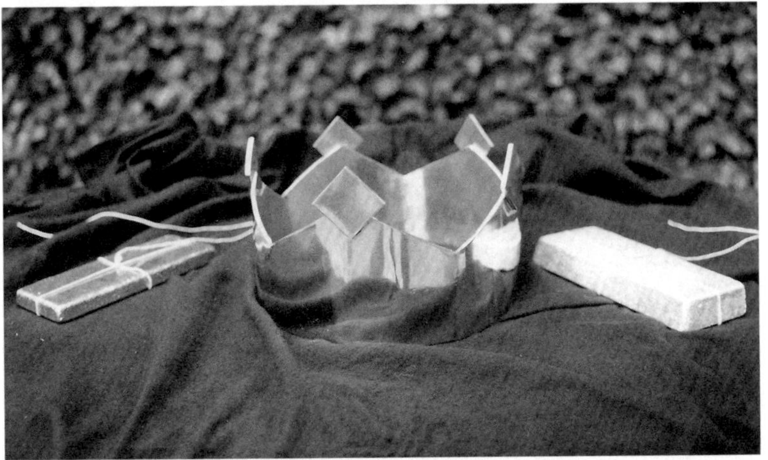

Die Sendung mit der Maus / Die Krone des Hieron: Ein Kilo Gold, ein Kilo Krone, ein Kilo Silber

Wie in der Sage sollte auch im Film die Frage lauten: Ist die Krone des Königs aus purem Gold oder nur aus einer billigeren Legierung, die zwar golden aussieht, aber einen hohen Silberanteil hat? Der Dreh- und Angelpunkt der ganzen Geschichte. Hier wollte Herr Maiwald keine Tricks nutzen.

Im Auftrag von Herrn Maiwald fuhr ich mit dem Auto zur «Degussa» nach Pforzheim. An einem Schalter im Eingang zum Werk musste ich meinen Ausweis vorzeigen und eine Empfangsbestätigung unterschreiben. Dafür erhielt ich drei Stücke: Einen Goldbarren, der in Größe und Dicke etwa einer Tafel Schokolade entsprach; einen Silberbarren, der genauso schwer, aber doppelt so dick war wie der Goldbarren und als drittes Stück ein Blech. Das Blech hatte das gleiche Gewicht wie jeweils einer der Barren. Es war etwa so groß und so dick wie die Pappe auf der Rückseite eines DIN-A3-Zeichenblocks. Das Metall erschien etwas heller goldfarben, als der Barren aus purem Gold. Die drei Stücke wurden in Seidenpapier gewickelt. Ich wollte den Goldbarren mit einer Hand greifen, so wie man eine Tafel Schokolade hochheben würde. Dabei hätte ich mir beinahe einen Fingernagel abgebrochen. Es war, als wäre der Goldbarren auf der Tischplatte festgenagelt. So schwer war der.

Ich verstaute die drei Teile in meiner Ledertasche. Erst wollte ich mir die Tasche umhängen, ließ es dann aber. Ich fürchtete, der Trageriemen könnte abreißen.

Herr Maiwald hatte die drei Metallstücke bei der «Degussa» nur ausgeliehen. Irgendwie hatte er dafür bei seiner Bank eine Bürgschaft über einen sechsstelligen Betrag beantragen müssen oder dieses Geld hinterlegt oder so.

Aus dem goldenen Blech ließ Herr Maiwald von einem befreundeten Bildhauer eine Krone fertigen, ganz einfach: rund mit Zacken. Wenn man die ansah, dachte man nicht: «Oh, was für eine schön gearbeitete Krone» oder «ein Kunstwerk» – man dachte einfach nur «Krone».

Der Dreh konnte beginnen. Wir hatten Glück. Das Wetter war warm und trocken. Der Himmel war ein wenig diesig, sodass der Baum und die benachbarten Gebäude keine harten Schatten in den Garten warfen.

Die Doppelgängeraufnahme drehten wir als erstes. Das war der so genannte *zentrale Schuss*. Der zentrale Schuss ist am wichtigsten oder am schwierigsten herzustellen. Ohne ihn funktioniert der ganze Film nicht – oder er wird nur halb so interessant. Wenn man den zentralen Schuss als erstes dreht, und etwas misslingt, dann hat man auch noch Zeit, den Schuss nachzudrehen, ohne die geplante Zeitspanne für die Dreharbeiten unverhältnismäßig auszudehnen.

Den Trick mit der Doppelgängeraufnahme kann man *in der Kamera* machen. Man braucht ein Stück schwarzer Pappe und man benötigt eine Kamera, in der man den Film zurückwickeln kann, aufs Einzelbild genau. Für die Aufnahme muss die Kamera felsenfest eingerichtet sein, damit der Hintergrund im Bild nicht verrutscht.

Also: Links im Bild sollte Herr Maiwald als König verkleidet sitzen, in weißer Tunika mit roter Robe, weißem Bart und Brille sowie goldener Krone auf dem Kopf. Rechts im Bild, auf den Stufen zum Thron sollte Herr Maiwald, als Archimedes kostümiert sitzen.

Zuerst drehten wir also die linke Bildhälfte: Herr Maiwald auf dem Thron, als König in roter Robe, weißer Tunika und mit der Krone auf dem Kopf. Die rechte Bildhälfte hatte ich mit einem Stück schwarzer Pappe vor der Kameraoptik abgedeckt. Das Bildzählwerk der Kamera zeigte «null».

«Kamera ab! Ton ab!»

«Kamera läuft!» – «Ton läuft!»

«Archimedes! Du bist doch ein kluger Mann» sagte der König mit Blick in die abgedeckte rechte Bildhälfte, «Kann man nicht irgendwie feststellen, ob meine Krone aus echtem Gold ist oder nicht?»

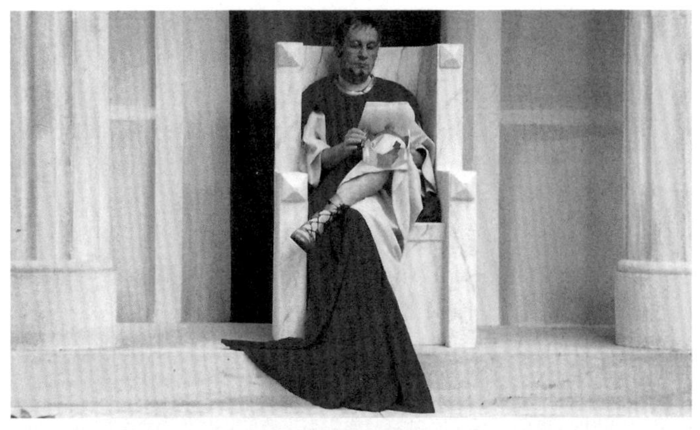

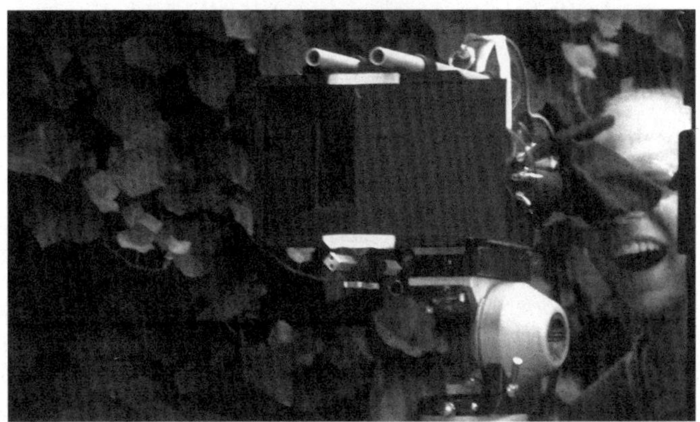

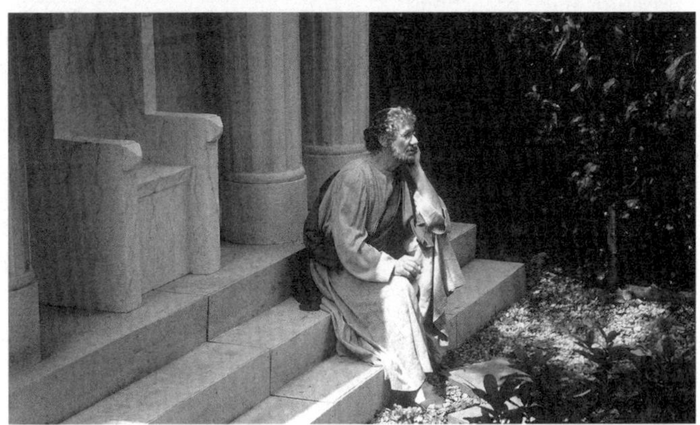

Die Sendung mit der Maus / Die Krone des Hieron

Nach dieser Aufnahme ließen Ernie und ich das Filmmaterial in der Kamera zurücklaufen, bis das Bildzählwerk wieder «null» zeigte.

Währenddessen zog Herr Maiwald sich um. Seine Frau Ulla half ihm in eine graue Tunika mit braunem Umhang. Die Maskenbildnerin klebte ihm einen anderen Bart unters Kinn und setzte ihm statt der Krone eine Perücke auf.

Nun, als Archimedes verkleidet, setzte sich Herr Maiwald in die rechte Hälfte des Kamerabildes, auf die Stufen rechts unterhalb des Thrones. Mit der schwarzen Pappe vor der Kameraoptik verdeckte ich jetzt die linke Bildhälfte, auf der wir vorher die Aufnahme des Königs Hieron aufgezeichnet hatten.

Jetzt lief derselbe Filmstreifen, auf dem wir schon König Hieron aufgenommen hatten, noch mal von Anfang an durch die Kamera. Statt der linken Bildhälfte wurde jetzt nur die rechte Bildhälfte belichtet. Archimedes sitzt auf den Stufen und wendet sich dem König zu, als dieser ihn anspricht: «Archimedes! Du bist doch ein kluger Mann...» Die Stimme kommt jetzt vom Tonband.

Ob das Zusammenspiel der beiden Figuren im fertigen Film funktionierte, würden wir nach der Filmentwicklung sehen können.

Im Bild auf der Mattscheibe des Schneidetisches sah man: Herr Maiwald als zwei Personen, die zusammen in einer Kulisse sitzen. Aber leider: die Teilung zwischen linker und rechter Bildhälfte zog sich wie ein unscharfer, weiß leuchtender Streifen von oben nach unten durch die Bildmitte. Als wäre zwischen den beiden Bildhälften eine helle Naht. So konnte man die Aufnahme nicht brauchen.

Beim Feierabendbier fragte Herr Maiwald mich: «Was hast du da bloß gemacht?»

Wir mussten die Szene noch mal drehen. Herr Maiwald schlug vor, ein anderes Objektiv zu benutzen.

Natürlich habe ich mir auch noch ein paar weitere Gedanken gemacht, welche veränderten Einstellungen an der Kamera zweckmäßig sein könnten.

Dieses Mal klappte die Aufnahme mit den beiden Herrn Maiwalds im Bild.

Ohne ein Stück schwarzer Pappe vor der Linse konnte man eine Doppelgängeraufnahme nicht machen. Es reichte auch nicht, zu wissen, wie es im Prinzip geht. Glück war hilfreich.

Aber am wichtigsten ist immer noch: Berufserfahrung.

24
EIN GROSSER JUNGE

Herr Maiwald behauptete, dass es ihm schwerfiele, Fragen über sich selbst zu beantworten. Beim Mittagessen rückte er damit heraus, dass ihm eine überregionale Zeitung einen Fragebogen geschickt hatte. Herr Maiwald sollte darin Fragen zu seiner eigenen Persönlichkeit beantworten. Beim Kaffee nach dem Essen hatte er den ausgedruckten Fragebogen vor sich, einen Kugelschreiber in der Hand.

«Was soll ich denn da zum Beispiel antworten?», fragte er mit glaubwürdigem Zweifel und las vor: «Welches ist Ihr Hauptcharakterzug?»

«Großzügigkeit!», rief Helglinde, die Produktionsleiterin.

Herr Maiwald guckte in die Runde. Mit ironischem Unterton fragte er: «Wer bietet mehr?»

«Ihr Hauptcharakterzug ist, dass Sie ein großer Junge sind», schlug ich vor und versuchte, mit einem Grinsen davon abzulenken, dass ich rote Ohren bekam. Der Gedanke war mir so durch den Kopf geschossen. Was sollte *ein großer Junge* sein? Ist das einer, der sich am liebsten von seinen Interessen treiben lässt? Einer, der sich beim Zugucken auf einer Baustelle verliert, weil er als Schüler selbst auf dem Bau gearbeitet hatte?

Einer, der hinter allem und in allem ein Konstruktionsprinzip zu erkennen sucht, um zu verstehen?

Ist das einer, der deshalb technische Konstruktionen spannend findet und das, was ihm besonders interessant erscheint, zuhause als Modell nachbaut und voller Stolz zum besten gibt, was er darüber herausgefunden hat?

Ist *ein großer Junge* einer, der viel und gerne arbeitet, so lange er das tun kann, was er mag. Einer, der für seinen Fleiß so gemocht wird, dass man ihm nachsieht, wenn er solche Arbeiten wie Kochen, Waschen, Putzen und Aufräumen gerne anderen überlässt?

Ich weiß nicht, ob Herr Maiwald das mit dem *großen Jungen* als Antwort in den Fragebogen eingetragen hat.

Die Frage «Was schätzen Sie bei Ihren Freunden am meisten?» konnte Herr Maiwald selbstständig beantworten.

«Hier. Die nächste Frage» sagte Herr Maiwald, «Das ist auch wieder so 'n Ding, wo ich ums Verrecken nicht weiß, was ich antworten soll: «*Ihr größter Fehler?*»

«Das Sie ein großer Junge sind!», kam es prompt von Ernie, der sichtbar Freude an diesem Spiel hatte.

25
EINE GANZ EINFACHE AUFNAHME

Der Film über die Geschichte des Geldes sollte ein sogenanntes «Special» werden, eine SENDUNG MIT DER MAUS zu nur einem Thema. Herr Maiwald schrieb ein Drehbuch, dass beim Tauschhandel in der Steinzeit begann und die Entwicklung bis zu unseren heutigen Zahlungsmitteln erzählte. Den historischen Teil der Geschichte wollte Herr Maiwald vor Kulissen aus gemalten Hintergründen spielen.

«Bauerntheater. Ganz einfach», erklärte Herr Maiwald.

Die Redaktion verlangte, dass er alle Hauptrollen selbst spielte.

Ein eigenes Studio in der entsprechenden Größe hatte Herr Maiwald nicht. Also sollten wir wieder im Garten drehen.

Einige Tage vor dem Drehbeginn fragte ich Herrn Maiwald:

«Und wie machen wir das mit dem Licht?»

«Brauchen wir nicht» erklärte Herr Maiwald, «wir drehen ja bei Tageslicht.»

«Wenn die Sonne scheint, liegt der halbe Hintergrund im Schatten vom Haus», gab ich zu bedenken.

«Dann fangen wir erst an, wenn die Sonne 'rum ist und der Schatten vom Haus nicht mehr auf den Hintergrund fällt», antwortete Herr Maiwald prompt.

«Dann wird der Schatten vom Baum auf die andere Hälfte des Hintergrundes fallen», erwiderte ich und schlug vor: «Wir könnten ja über der Kulisse ein weißes Sonnensegel spannen, um das Sonnenlicht zu streuen.»

Herr Maiwald winkte ab: «Brauchen wir nicht. Wir werden sowieso wieder den ganzen Sommer lang diesen grauen rheinischen Dauerherbst haben!»

Herr Maiwald hatte sehr genaue Vorstellungen von seinem Film.

Im Garten hinter Herrn Maiwalds Haus, vor der efeuberankten Mauer, stellte der Bühnenbildner eine riesige Leinwand auf. Diese Leinwand war mit einer Hintergrundlandschaft bemalt. Sie zeigte eine weite Steppenlandschaft mit ein paar kahlen Bäumen, darüber ein hoher, diesigblauer Himmel. Links oben am hellblau gestrichenen Himmel war ein weißer Fleck, so groß und rund wie ein Teller. Das sollte die Sonne sein.

Dieser gemalte Hintergrund war zweimal so breit wie hoch. Er war so breit, damit die Darsteller in dieser Landschaft einige Schritte hin- und her gehen konnten, ohne «aus dem Bild» zu geraten.

Tags drauf hatte ein Lastwagen eine ganze Ladung Sand an den Straßenrand vorm Haus gekippt. Wir Mitarbeiter karrten den Sand schubkarrenweise durch die Garage in den Garten und verteilten ihn mit Schaufeln und Rechen vor dem gemalten Hintergrund. Die Seiten dekorierten wir mit grauen Felsbrocken aus Pappmaché. Wir türmten sie gemäß den Anweisungen von Herrn Maiwald so auf, dass es aussah, als wäre unter den Felsbrocken jeweils der Eingang einer Höhle. Das war die Bühne für das erste Bild: Eine Steppe mit wenigen Bäumen unter einem blauen Himmel mit stechender Sonne, rechts und links am Rand jeweils ein Eingang zu einer Felsenhöhle.

Nächster Morgen: strahlender Sonnenschein. Alle Requisiten aufgebaut, die Darsteller in Kostüm und Maske zur Stelle. Drehbeginn.

Auch Herr Maiwald war schon kostümiert: als Steinzeitmensch. Auf dem Kopf trug er eine riesige Perücke aus wuscheligen Haaren. Von seinem Gesicht sah man nur Brille und Nase, den Rest verdeckte ein zotteliger Bart. Den hatte ihm die Maskenbildnerin angeklebt. Bekleidet war er mit einem unförmigen Stück braunem Fell. Über der Schulter trug er einen Stock, an dem mit Schnüren Plastikfische aufgehängt waren: ein steinzeitlicher Angler mit Beute.

Zur Probe stapfte er durch den Sand, von der rechten Bühnenseite zur linken Bühnenseite. Die Kamera begleitete seinen Gang, fuhr auf einem Schienenwagen nebenher. Die Schienen hatten wir am vorderen Bühnenrand verlegt. Stephan, ein Kameraassistent, schob den Wagen. Vor dem Höhleneingang, unter den Felsblöcken an der rechten Bühnenseite, hockte ein Schauspieler. Auch er hatte so eine wuschelige Perücke auf dem Kopf. Sein Fellumhang war grau. Herr Maiwald als Steinzeitfischer blieb vor dem hockenden Schauspieler stehen. Ich saß auf dem Wagen und schaute durch den Kamerasucher. Stephan hielt den Schienenwagen butterweich an.

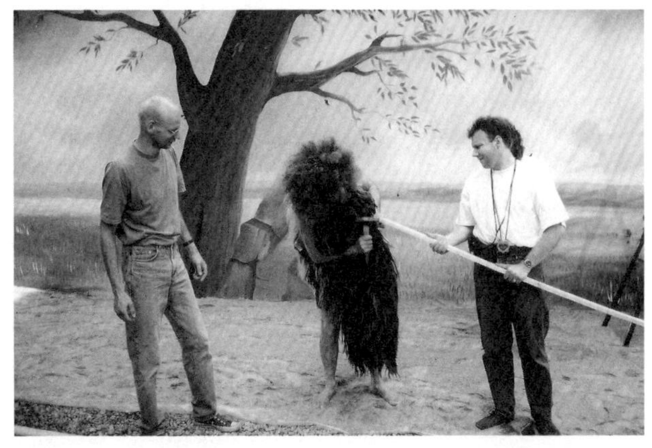

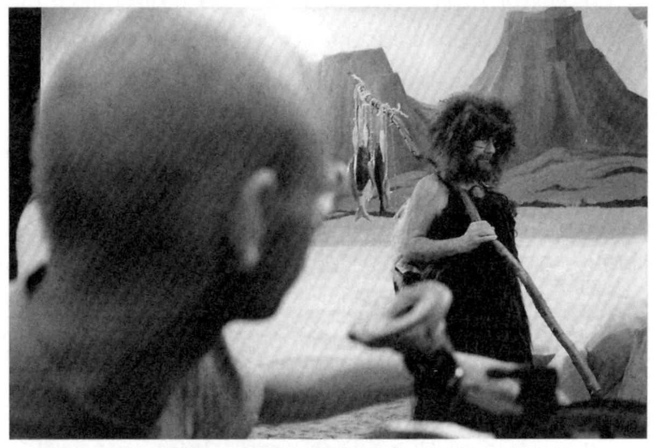

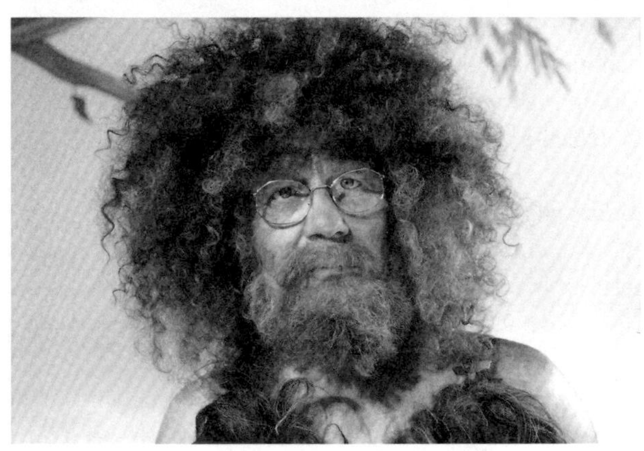

Die Sendung mit der Maus / Geld-Spezial

«Nä!», entfuhr es mir, während ich noch durch den Sucher guckte. Ich hob den Blick aus dem Sucher: «Das geht nicht!»

«Was geht nicht?», brummte Herr Maiwald.

«Der halbe Hintergrund liegt im Schatten vom Haus.»

Herr Maiwald drehte sich nach hinten, schaute an der Kulisse empor, als hätte er sie eben erst entdeckt.

Die gemalte Landschaft war scharf geteilt, in eine leuchtend helle Hälfte und eine dunkle Hälfte in tiefem Schatten. Herr Maiwald grunzte unzufrieden.

Scheinwerfer, die hell genug waren, um es mit der strahlenden Sonne aufzunehmen und den Schatten entsprechend aufzuhellen, standen uns nicht zur Verfügung.

Herr Maiwald drehte sich um und ordnete an: «Dann müssen wir eben schnell ein Dach bauen, damit der ganze Hintergrund im Schatten liegt.»

Ein Dach, mal eben, für eine acht Meter breite Bühne samt Hintergrund – keine Ahnung, wie man so was auf die Schnelle bauen sollte.

Ratlose Gesichter beim ganzen Team.

Herr Maiwalds Gesichtsausdruck war, verdeckt von Bart und Perücke, nicht zu erkennen. Der angeklebte Bart zitterte nicht einmal, während er kommandierte: «Holt Dachlatten her, aber nur ganze! Wäscheleine, Nägel, Hammer!» Seine Stimme klang, als stünde er unter einer Wolldecke.

Alle rannten in den Keller, in die gut sortierte Werkstatt. Ernie, der schmale Kameraassistent mit der eckigen Brille, war als erster wieder an der Bühne. Er reichte Herrn Maiwald ein Hämmerchen.

Der wies das Werkzeug zurück: «Doch nicht den! Der ist doch viel zu leicht! Damit krieg ich doch keinen Nagel eingeschlagen!»

Ernie machte kehrt und eilte zurück ins Haus. Beinahe hätte er sich in den meterlangen Dachlatten verfangen, mit denen die anderen Mitarbeitern ihm entgegenkamen. Schnaufend kam Ernie aus dem Keller zurück und reichte seinem Chef einen größeren Hammer. «Gib' her», Herr Maiwald ergriff den Hammer, wog ihn in der Hand und knurrte: «Wird schon geh'n.»

Erst nagelte Herr Maiwald, in Fell und Perücke am Boden hockend, zwei riesige viereckige Rahmen aus dünnen Dachlatten zusammen. Dann kletterte er – nach wie vor kostümiert – auf die bereitgestellte Aluminiumleiter. Uns blieb nur, die Leiter festzuhalten, Herrn Maiwalds Kommandos zu folgen, immer noch mehr Nägel zu holen.

Um die beiden Rahmen aus Dachlatten nebeneinander an der Oberkante des Hintergrundes zu befestigen, brauchte er dann aber doch Hilfe.

Als er uns Wäscheleinen im Zickzack über die beiden Rahmen spannen ließ, dämmerte uns, wie sich Herr Maiwald den leichten Dachstuhl aus Dachlatten und Wäscheleine vorstellte.

Leider war schwarzer Molton der einzige Stoff, den es im Hause in ausreichender Menge gab, von irgendeinem anderen Dreh.

Diese schwarzen Moltontücher breiteten wir auf den Rahmen mit der im Zickzack verspannten Wäscheleine aus. So erhielten wir ein großes lichtdichtes Dach. Darunter lag die ganze Bühne im Schatten. Es war dunkel wie in einer mongolischen Jurte. Nun musste doch künstliches Licht aufgebaut werden.

Der einzige Ort für Scheinwerfer war links und rechts an den Bühnenseiten, und zwar für jeweils eine Lampe, die gleichzeitig den Hintergrund und die Darsteller davor beleuchten sollte. Das lief auf «irgendwie hellmachen» hinaus und stand in keinem Verhältnis zu der aufwändigen Kulisse.

Herr Maiwald forderte: «Ich will nachher keine Schatten von den Akteuren auf dem Hintergrund sehen!»

Das wird schwierig, dachte ich, weil die Darsteller manchmal dicht vor dem Hintergrund entlanggehen mussten.

Die ganze Bühne heizte sich auf. Über dem schwarzen Dach brannte die Sommersonne, darunter wurde die Luft stickig.

Die bestellten Darsteller warteten schwitzend.

Es war bereits fast Mittag.

«So los jetzt! Wir fangen an! Weihnachten wollen wir zuhause feiern!», ordnete Herr Maiwald an. Er positionierte sich am Bühnenrand. Stephan schob den Wagen mit Kamera, Kameramann und Assistent in die Anfangsposition. Ton ab! Kamera! Klappe!

«Maus/Geld – eins, die erste» – Klack!

Unsere erste Szene stellte die Nachteile des Tauschhandels dar:

Herr Maiwald als Steinzeitfischer stapfte ins Bild, auf der Suche nach einem, der ihm seine frisch gefangenen Fische gegen Tonkrüge tauschte. Er ging auf der Bühne hin zum einen Höhlenmenschen und her zum nächsten. Die Fische waren natürlich aus Plastik. Er trug sie an einem Stock über der Schulter. Als der Fischer endlich einen gefunden hatte, der die Fische gegen Tonkrüge tauschen wollte, da waren die Fische vergammelt, weil die Sonne am Himmel über der gemalten Steppe so unbarmherzig brannte. So stand es im Drehbuch.

Den Kameraschwenk vom Steinzeitfischer hinauf zur stechenden Sonne am gemalten Himmel mussten wir fünfmal wiederholen. Durch den trüben Kamerasucher konnte ich die weiße Sonne am milchigblauen Kulissenhimmel nur schlecht erkennen. Während die Kamera lief, flimmerte das Sucherbild. Ich traute mich nicht, Herrn Maiwald zu sagen, dass ich den Schwenk proben müsste, einen Pfad finden müsste, der meinen Kamerablick von den Plastikfischen über den gemalten Horizont und die keinen Anhalt bietende hellblaue Fläche des Himmels zielsicher zur Sonne führte.

Herr Maiwald ärgerte sich: «Wieso triffst du die Sonne nicht? Ich denk' du bist Kameramann!» Er schwitzte unter seinem Fellkostüm. Die Maskenbildnerin musste ihm vor jeder Wiederholung der Szene den Bart richten, weil der Kleber sich löste.

Wir waren der geplanten Drehzeit hinterher. Eilig drehten wir eine Szene nach der anderen.

Herr Maiwald trat nicht nur als Steinzeitmensch auf. Ulla Maiwald, die große Frau mit der kühn geschwungenen Nase und den kurz geschnittenen, blaugefärbten Haaren stattete ihren Mann für jede Szene mit anderen Kleidungsstücken aus: mit Fellumhang, Lendenschurz oder Kaftan. Sie kleidete Herrn Maiwald als Sultan in goldbestickter Robe mit Turban, als englischen Handwerksmeister oder als großbürgerlichen Kölner in längst vergangenen Jahrhunderten. Ebenso half sie den Nebendarstellern in die Kostüme.

Herr Maiwald ließ das an- aus- und umziehen stoisch über sich ergehen. Seine Frau redete beständig auf ihn ein, in mütterlich-kölschem Ton, wie um ihn zu beruhigen.

Tatsächlich wirkte er die ganze Zeit brummelig, als wäre ihm die ganze Kostümierung und die Schminkerei lästig. Dabei hatte er sich das ja selbst ausgedacht. Die Anweisungen, die er währenddessen als Regisseur unserem Team erteilte, klangen wie ungehaltene Zurufe: «Passt auf, dass ihr nicht ...;» – «Macht da nicht so lange herum ...» – «Seht zu, dass ihr erstmal ...»

Es war, als hätte er am liebsten alle Arbeiten selber gemacht. Gekonnt hätte er es bestimmt. Aber er sollte eben *vor* der Kamera stehen.

Spielte Herr Maiwald einen Herrscher oder Handwerksmeister, war dieser streng und unnachgiebig. Er drohte, falls man ihm nicht gehorchte, mit drakonischen Strafen. So schuf dieser Herrscher klare Verhältnisse. Ein für alle Mal.

Spielte Herr Maiwald einen Ehemann, dann war für den nichts wichtiger, als seine Frau bei Laune zu halten. Zur Not machte er eine bedeutende Erfindung – nicht, weil er die Menschheit weiter bringen wollte, sondern um die Anerkennung und Zuwendung seiner Frau zu bekommen, Umarmung und Küsschen.

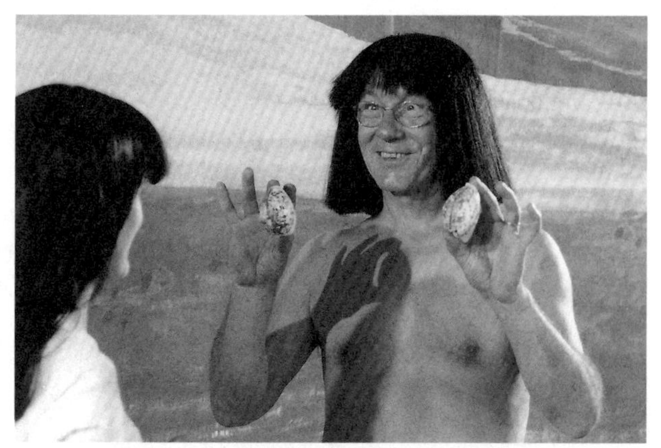

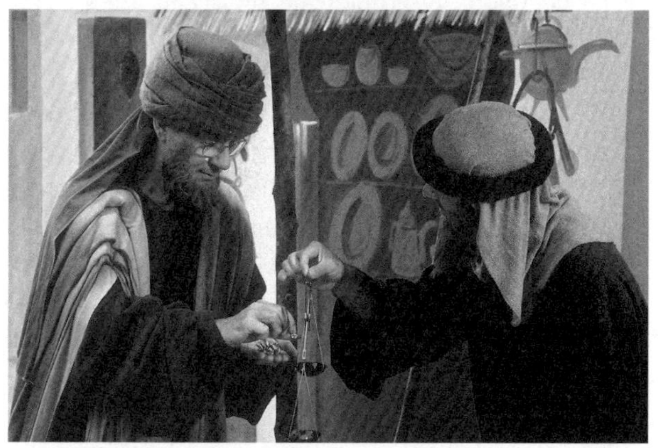

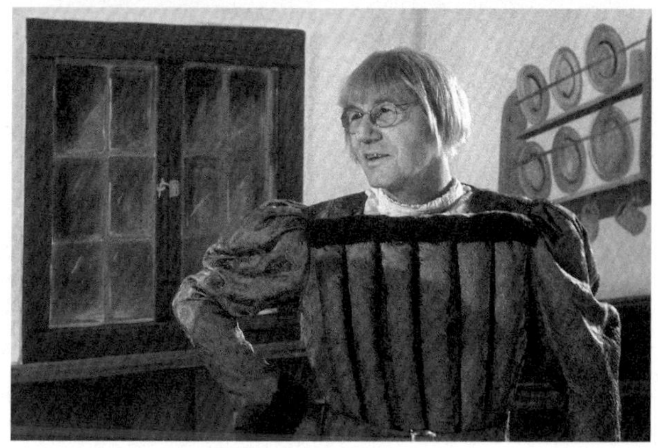

Die Sendung mit der Maus / Geld-Spezial

Herr Maiwald spielte, führte Regie, sagte den Nebendarstellern, was und mit welchem Ausdruck sie spielen sollten, er wies an, welchen Bildausschnitt die Kamera als nächstes zeigen sollte, beobachtete scharf, wie ich das Licht einstellte und fragte Ernie, ob für die Dauer der folgenden Szene noch ausreichend Filmmaterial in der Kamera sei. Herr Maiwald hatte wochenlang an seiner Geschichte herumgedacht, mehrere Drehbücher geschrieben und mit der Redaktion abgestimmt. Er hatte Kulissen entworfen und bauen lassen, alles hatte wochenlang gedauert. Jetzt wollte er die Dreharbeiten so schnell wie möglich hinter sich bringen. Würde er mit seinen Vorstellungen Filmmaterial belichten können, wäre der Film längst fertig.

Manches klappte nicht auf Anhieb. Ein Schauspieler versemmelte seinen Text. Oder Georg, unser Tonmann, brach eine Szene ab, weil eine Diesellokomotive mit laut aufheulendem Motor einen Zug aus dem nahen Hauptbahnhof schleppte.

«Das ist der Gummersbacher», erklärte Herr Maiwald in Fell und Wuschelperücke, «Die Strecke ins Bergische ist nicht elektrifiziert.»

Die Bahntrasse verlief, nicht weit entfernt, parallel zur Gartenmauer von Maiwalds Garten. Der Zug nach Gummersbach fuhr stündlich. «Das ist der Gummersbacher», kommentierte Herr Maiwald jedes Mal. Als handelte es sich um eine Naturgegebenheit, die man eben hinnehmen müsse.

Nach Abschluss jeder Szene guckte Herr Maiwald zu mir herüber und fragte: «Und? War das was?»

Ich hob die Schultern. War ich der Regisseur?

Herr Maiwald machte große Augen und erklärte: «Du bist der einzige, der es gesehen hat.»

Einen Vorteil hatte unser dunkles Bühnendach: Da die ganze Kulisse nun ohnehin im finsteren lag und beleuchtet werden musste, konnten wir auch nachts drehen. Das war ursprünglich nicht vorgesehen gewesen. Daher konnten wir einen Teil der verlorenen Zeit wieder einholen.

Gleichzeitig nutzte ich die Gelegenheit, um manche Szenen stimmungsvoll zu beleuchten, was bei Tageslicht nicht möglich gewesen wäre.

In einer Szene sollte starker Regen eine Rolle spielen. Ich wollte den gemalten Himmel so beleuchten, dass er aussah, als hingen bleigraue Wolken über der gemalten Landschaft. Ich rannte zwischen den beiden Scheinwerfern hin und her.

Herr Maiwald wartete in Kostüm und Maske, dass ich endlich fertig würde.

Schließlich sah der Kulissenhimmel für mich aus, als lastete er regenschwer über der Steppe. Mir war, als könnte ich den heraufziehenden Regen förmlich riechen.

Herr Maiwald brummte nur: «Mit solchen Leuten kann man nicht arbeiten.»

Ob das Ergebnis meiner Arbeit auf den Filmbildern auch so wirkte, wie ich wollte, würden wir erst am Abend des kommenden Tages sehen können, wenn das Filmmaterial aus der Entwicklung zurück sein würde.

Ich hatte immer einen Mordsbammel vor der ersten Sichtung.

Aber normalerweise überwog meine Neugier. Wenn man die Szenen zum ersten Mal anschauen konnte, als wäre man nur Zuschauer, offenbarte sich, ob man technische oder logische Fehler gemacht hatte. Es war die Prüfung des unveränderbaren Ergebnisses meiner Arbeit als Kameramann. Konnte der Regisseur mit diesen Aufnahmen weiterarbeiten?

Wenn der Regisseur zufrieden war, kam die Erleichterung.

Dieses Mal hatte ich regelrecht Schiss. Ich hatte das ungute Gefühl, dass Herr Maiwald mit meinen Aufnahmen nicht zufrieden sein könnte. Ich ging nicht mit nach oben in den Schneideraum. Ich wartete im Foyer.

Es dauerte eine ganze Weile.

Als erstes kam aus dem Durchgang vom Treppenhaus eine Zigarettenschachtel geflogen – wie ein weißroter Blitz. Dann ein wütender Schrei:

«Das ist das Letzte! Ich hab's hundertmal gesagt!!»

Wild fuchtelnd kam Herr Maiwald ins Foyer, hob seine Zigarrettenschachtel auf und schleuderte sie erneut auf den Boden.

«Die ganze Arbeit umsonst!», schrie Herr Maiwald.

Herrn Maiwalds Stimme klang scharf wie eine Axt:

«Ich hab's hundertmal gesagt: Ich will auf dem Hintergrund keinen Schatten seh'n!», schrie er, «Und was seh' ich als erstes!? Einen Schatten!! Los! Komm mit in den Schneideraum und sieh dir an, was du verbrochen hast!», brüllte er, hob seine Zigarettenschachtel auf und stapfte in den Durchgang zum Treppenhaus.

«Solange der so mit mir redet, gehe ich nicht hoch in den Schneideraum», sagte ich.

Da kam Ulla, Herrn Maiwalds Frau, ins Foyer. «Gehst Du denn in den Schneideraum, wenn ich mitkomme?», fragte sie.

Herr Maiwald hatte sich eine Zigarette angezündet. Er fuhr das gesamte Filmmaterial der vergangenen zwei Tage durch den Schneidetisch. Wir guckten uns alle Aufnahmen an. Sie waren ausnahmslos scharf und richtig belichtet.

In der Einstellung, die als erste Szene im Film erscheinen würde, sah man zunächst nur die gemalte Steppenlandschaft mit den vereinzelten Bäumen. Da trat links im Bild ein Schatten auf, etwas zögernd, eine Sekunde später kam derjenige, der diesen Schatten warf, ins Bild gestapft. Der Steinzeitmensch. Das sah tatsächlich blöd aus.

Ich sagte nichts.

«Jetzt sag' bloß nicht, wo Licht ist, ist auch Schatten!», regte Herr Maiwald sich auf.

Es stimmte – die Szene war verdorben. Man konnte den Anfang ja nicht einfach abschneiden. Es wirkte, als ob der vorweg marschierende Schatten wichtiger wäre, als die Figur, die ihn wirft.

Dann kam die Szene mit der Sonne. Das Filmbild schwenkte vom Steinzeitfischer aufwärts. Eiernd suchte es am Himmel herum, statt zielsicher auf der Sonne zu landen. Dabei war die Sonne deutlich zu erkennen. Sie hob sich gestochen hell vom umgebenden Himmel ab.

«Und warum du die Sonne fünfmal hintereinander nicht triffst, ist mir auch ein Rätsel. Erzähl mir nicht, das du die im Sucher nicht gut genug sehen konntest.»

Genau das hatte ich jetzt sagen wollen.

Schade, dachte ich, jetzt bin ich meinen Job als Kameramann bei Armin Maiwald los. Zu hoch gepokert. Aus der Traum.

Da mischte sich Ulla ein: «Hör mal», sagte sie zu ihrem Mann, «das kannste jetzt nicht machen. Der Jung' war doch ganz alleine. Kein Regieassistent, kein Beleuchter – niemand, der ihn unterstützen konnte. Und in erster Linie musste er ja die Kamera führen. Und das mit dem schwarzen Zeltdach war ja so auch nicht vorgesehen. Du wolltest das alles bei Tageslicht machen.»

Das sah Herr Maiwald ein. Seine Wut kühlte ab.

«Also drehen wir den ganzen Kram nochmal», entschied er, «Es bleibt uns ja nichts anderes übrig. Sonst können wir den ganzen Film über'n Haufen werfen. Hätt' ich doch auf meine Mutter gehört und wär' Postbeamter geworden ...»

Damals, bei unserer Vorbesprechung hatte Herr Maiwald nur wenige Stichworte benutzt: «Bauerntheater.» «Tageslicht.» «Keine Schatten auf dem Hintergrund.»

Als sei damit jegliche gestalterische Frage geklärt.

Wie er sich das im einzelnen vorstellte, blieb offen.

Spätestens seit diesem Dreh ist mir klar: Um die richtigen Bilder für einen Film finden zu können, reicht es nicht, als Kameramann nur zu ahnen, welche Absicht den Regisseur des Filmes antreibt. Auch wenn er auf Nachfrage keine richtige Antwort gibt.

«Bauerntheater» könnte Einfachheit bedeuten. Einfachheit ist reduziert aufs nötigste. In meiner Vorstellung fand das Bauerntheater in einer Scheune statt, also braucht's Licht. Man kann Bauerntheater noch einfacher denken: unter freiem Himmel. Als stünde diese Bühne auf einer Wiese am Rande des Dorfes. Dort gibt es keine gestalteten Lichtstimmungen. Gespielt wird immer – außer bei Regen. Man nimmt die Bedingungen, wie sie kommen.

Viele Jahre später haben wir wieder eine Geschichte gedreht, die wie ein Bauerntheater inszeniert war: *Wie die Kartoffel nach Deutschland kam* – diesmal ganz ohne Kulissenbauten, nur mit Requisiten, historischen Kostümen und mit Armin Maiwald in verschiedenen Rollen – nicht im leeren schwarzen Raum, sondern noch einfacher: weit draußen, in einer fast baumlosen Landschaft mit geradem Horizont, ohne Stromanschluss für Lampen – auf einem nackten, brach liegenden Kartoffelacker.

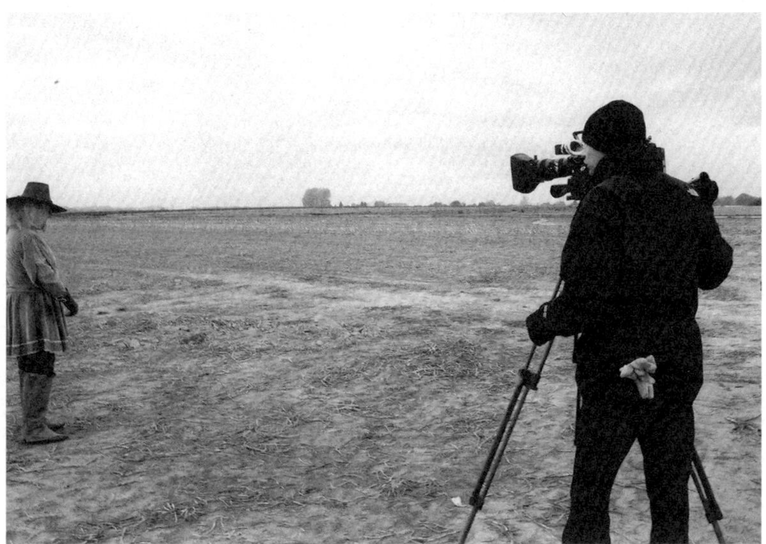

DIE SENDUNG MIT DER MAUS / Wie die Kartoffel nach Deutschland kam

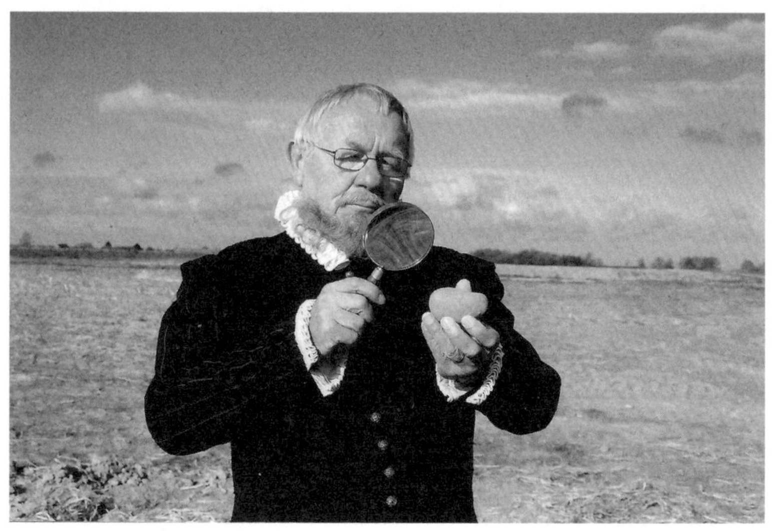

Carolus Clusius

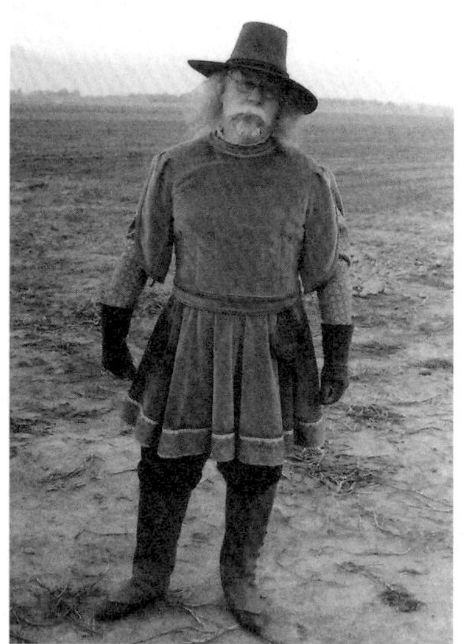

Christoph Columbus

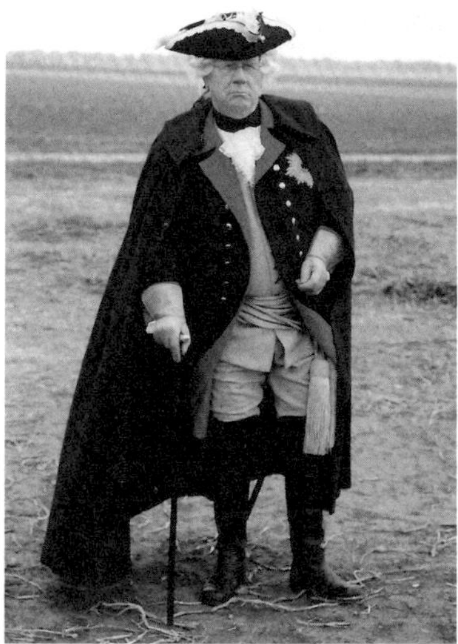

Der alte Fritz

Die Sendung mit der Maus / Wie die Kartoffel nach Deutschland kam

26
BLOSS KEIN DENKMAL!

Bei «FLASH Film» um die Ecke gibt es das «Weinhaus Vogel». Das urige Weinhaus ist eigentlich ein Bierlokal und es hat einen Garten, der eigentlich ein Hinterhof ist. Da wundert sich niemand, wenn ein Spatz angeflogen kommt und sich setzt. Auf die Platte des Biertisches oder auf die Lehne des nächsten freien Klappstuhls.

Die Kellnerin hatte mir gerade ein Glas mit frisch gezapftem Bier hingestellt. Ich trank den ersten Schluck, mit geschlossenen Augen.

«Na denn Prost» hörte ich die Stimme des Spatzen. Ich setzte ab, öffnete die Augen, sagte ebenfalls «Prost» und fragte, noch bevor ich sah, wohin der Spatz sich gesetzt hatte: «Auch 'n Schluck?»

«Nee, danke, du, ich trinke nie, wenn ich fliegen muss», erklärte der Spatz. Er saß auf dem Bierdeckel. Beinahe hätte ich mein Glas auf ihm abgestellt. Ungerührt fragte er: «Und? Geht's gut?»

«Ja.»

«Und Armin?»

«Er hat mal wieder 'nen Preis gekriegt. Für einen Film.»

In der Mittagspause hatte er mitgeteilt: «Kinder, wir haben mal wieder einen Preis um die Ohren geschlagen bekommen.»

Als wäre ihm das unangenehm.

Er lobte ja auch nicht gerne andere. Er hatte immer Sorge, man könnte dann abheben.

Einmal, da war DIE SENDUNG MIT DER MAUS noch nicht ganz 25 Jahre alt, da haben wir hier im «Vogel» zusammengesessen – nicht hier im Hof, sondern drinnen – eine Zeitlang hatten wir hier beinahe so etwas wie einen Stammplatz. Es war abends nach Drehschluss. Ich weiß nicht mehr, ob wir ihn danach gefragt hatten, jedenfalls erzählte Herr Maiwald uns von einem Empfang beim Bildungsministerium in Düsseldorf, zu dem er eingeladen gewesen war.

Ich sagte: «Solche Empfänge finde ich furchtbar langweilig. Man steht mit irgendwelchen fremden Leuten zusammen, hält sich an seinem Glas fest und weiß nicht, worüber und mit wem man reden soll. Sehr steif alles.»

«Nein, das war eigentlich ganz entspannt», widersprach Herr Maiwald, «Die waren alle ganz locker da. Mit mir hat sich sogar die Bildungsministerin unterhalten. Die redet mit jedem. Ganz normal.»

«Herr Maiwald, die redet mit Ihnen, weil Sie ein *Promi* sind. Die kennt Sie aus dem Fernsehen. Deswegen spricht die mit Ihnen.»

Herr Maiwald sah sich selbst nicht als prominent an.

«Also», erklärte Herr Maiwald, «Wenn Leute versuchen, einen auf den Sockel zu stellen, dann muss man sich dagegen wehren, ganz heftig wehren.»

Aber meistens freuten sich die Leute einfach nur, ihn zu sehen. Eben, weil er auf keinem Sockel stand.

In Rom, auf den Rängen des Kolosseums drehten wir eine Einstellung mit Blick in die Arena. Wir waren nur ganz kurz dort. Natürlich befanden sich viele Touristen in der Anlage, aber es gab kein Gedränge. Die Feriensaison war vorbei. Aus einiger Entfernung winkte uns eine deutsche Familie mit zwei Töchtern im Grundschulalter zu.

«Aarmiin!», riefen die Mädchen, «Aarmiin!»

Herr Maiwald schaute sich um, brummte lachend «Hallo», winkte zurück und wandte sich sofort wieder unserer Arbeit zu.

Auf einem sehr hässlichen Garagenhof in Neuss begegnete uns bei Dreharbeiten ein älterer Herr mit grauem Vollbart. Sein Mantel war fleckig und zerrissen. An den Händen trug er prall gefüllte Plastiktüten mit leeren Flaschen. Er schaute, was wir da mit der Kamera machen. Dann rief er heiser: «Mensch, Armin! Dich hab' ich im Fernseh'n immer geguckt! Mach' weiter!»

27
TEIL DER ERZÄHLUNG WERDEN

«Du könntest doch auch mal einen Sonnenuntergang filmen oder irgendwas anderes schönes – nicht immer nur diese hässlichen Regenbilder», klagte unsere Cutterin.

«Es hat aber die ganze Zeit geregnet», bedauerte ich.

Wir hatten eine Woche lang gedreht und waren am Abend jedes Drehtages nass bis auf die Haut. Obwohl es Sommer war. Abends wurde es einfach nur dunkel. Ohne Sonnenuntergang.

Im Pfahlbaumuseum am Bodensee drehten wir, wie drei Zimmerleute ein steinzeitliches Haus bauten. Weil das Haus am Seeufer stand, sozusagen mit den Füßen im Wasser, wurde es auf Pfählen errichtet. So wollten die Bewohner vor über 5000 Jahren sicherstellen, dass ihre Wohnung immer einen trockenen Boden hatte, auch wenn das Seewasser mal höher stand.

Bei Ausgrabungen im Uferbereich hatten Archäologen Reste solcher steinzeitlichen Häuser gefunden. Daher konnten sie sich sehr genaue Vorstellungen davon machen, wie die Pfahlbauten ausgesehen haben. Aber es blieben Fragen:

Wie viele Leute brauchte man, um so ein Haus zu bauen?

Wie viele Bäume mussten gefällt werden, wie viele Weidenzweige und wie viel Lehm benötigte man für die Wände?

Wie viel Schilfstroh fürs Dach?

Außerdem sollte ausprobiert werden, wie lange es dauert, um die Materialien zusammenzutragen und zu verarbeiten, wenn man nur Werkzeuge zur Verfügung hat, die es auch in der Steinzeit gegeben hatte. Wie lange dauerte es, einen Baum mit einer Steinzeitaxt zu fällen?

Durch die Funde der Archäologen war sicher: zum Bau eines steinzeitlichen Hauses war kein einziger Nagel und kein einziger Splint verwendet worden. Die Pfähle wurden zur Befestigung mit Seilen zusammengebunden.

Wie viele Meter Seil benötigte man für ein stabiles Haus?

Diese Fragen stellten sich die Wissenschaftler des Museums.

Unsere Frage lautete bloß: Wie baut man ein Pfahlbauhaus mit steinzeitlichen Werkzeugen?

Wir brauchten also nichts anderes zu tun, als dabeizustehen und zuzugucken. Wir waren zu viert: Herr Maiwald als Autor und Regisseur, Ernie als Kameraassistent, Jan als Tonmann, ich als Kameramann. Herr Maiwald würde mir sagen, was er im Film sehen will. Der Kameraassistent würde dafür sorgen, dass immer genug Filmmaterial in der Kamera und ein Ersatzakku griffbereit ist. Außerdem würde er aufpassen, dass ich beim Drehen nicht ins Wasser falle oder auf unserer Baustelle gegen einen Balken renne. Der Kameramann ist beim Blick durch den Kamerasucher durchaus sehbehindert. Der Tonmann würde die Geräusche der Arbeit und die Gespräche der Arbeiter möglichst deutlich hörbar aufzeichnen. Gleichzeitig musste er darauf achten, dass sein Mikrofon nicht ins Bild ragt.

Wir sollten beim Drehen mit der vorhandenen Situation zurechtkommen. Wir sollten die Arbeit so zeigen, wie sie läuft. Ohne einzugreifen.

«Fernsehen verändert die Wirklichkeit», sagte Herr Maiwald und meinte diesen Ausspruch genauso doppeldeutig, wie er klingt.

Außerdem bemerkte er: «Das ist hier 'ne Baustelle und kein Filmstudio», und: «Am besten, die Leute vergessen die Kamera.»

Eine weitere Regieanweisung lautete: «Es gibt nur ein erstes Mal.» Ich sollte also einen Vorgang möglichst beim ersten Mal im Kasten haben. Aber nicht irgendwie, sondern so, dass für einen Zuschauer auf den ersten Blick deutlich wird, worauf es in der betreffenden Szene ankommt. Auch wenn ich diesen Vorgang selber zum ersten Mal in meinem Leben erlebe.

Wenn dann alles so lief, wie Herr Maiwald es sich vorstellte, hatte das nur einen Nachteil: Er selbst hatte nicht mehr viel zu tun – ein Zustand, der ihm nicht lag. Konzentriert schaute er den Zimmerleuten bei der Arbeit zu. Er beobachtete, wohin die Kamera schaute. Vielleicht montierte er im Geiste schon die Aufnahmen, die wir gerade drehten. Wirklich sehen konnte er meine Bilder nicht. Wir drehten ja auf Film. Gelegentlich raunte er mir zu, dass er von dieser oder jener Situation noch mal eine Totale oder eine Großaufnahme bräuchte.

Als Herr Maiwald merkte, dass die Zimmerleute jetzt gut noch jemanden brauchen könnten, der zupackt, fasste er mit an. Er liebte es, ein Handwerker zu sein. Einerseits imponierte es ihm, wenn jemand wusste, wie etwas geht und sich bei der Ausführung geschickt anstellte. Andererseits zeigte er gerne, was er als junger Mann auf dem Bau gelernt hatte.

Manchmal schien es auch, als würde Herr Maiwald die Gelegenheit, anderen bei der Arbeit zuzuschauen, wie eine Art handwerklicher Weiterbildung nutzen. Er guckte zu und dann juckte es ihn, selbst mit anzupacken. So war es auch jetzt. Plötzlich stand er vor der Kamera, als gehörte er zu den Werktätigen. Es schien ihm wichtig zu sein, Zimmerleute, Schmiede oder andere Handwerker, mit denen wir drehten, zu beeindrucken. Das öffnete so manchen Zugang.

«Wenn Du mich mit aufnimmst», sage Herr Maiwald zu mir, während er einen Knoten festzog, «mach's so, dass man die Geschichte im fertigen Film gegebenenfalls auch ohne mich im Bild erzählen kann.»

Herr Maiwald machte vor der Kamera kein Getue. Er spielte nicht den Reporter, der im Vordergrund steht und mit fröhlichem Fotografiergesicht erklärt, was im Hintergrund gearbeitet wird.

Nachher, im fertigen Film, sah man nur die drei Zimmerleute bei der Arbeit an der Pfahlbauhütte.

Manchmal kann es sinnvoll sein, dass der Erzähler im Bild zu sehen ist. Zum Beispiel, um etwas vorzuführen oder zu zeigen. Meistens ist das nicht nötig. Wer kann einem besser zeigen, wie eine bestimmte Arbeit gemacht wird, als die Fachleute, denen man zuschaut? Im besten Falle arbeiten sie so, als würde ihnen allenfalls ein Lehrling auf die Finger gucken, oder noch besser: niemand.

«Nehmen Sie keine Rücksicht auf das Filmteam», ermunterte Herr Maiwald vor Beginn der Dreharbeiten und fügte verschmitzt hinzu: «Der Kameramann ist gar nicht da – betrachten Sie ihn als Möbelstück.»

***

Am Ende des Drehtages lud uns Karl, der Museumsarchäologe, ein: «Kommt heut' Abend um halb acht in die ‹Bronzezeit›.»

Die Pfahlbauten der Bronzezeit standen weit draußen im Wasser. Man erreichte sie über einen langen Holzsteg. An diesem Tag hatte es ausnahmsweise nicht geregnet. Zur Abwechslung war es sehr schwül gewesen. Jetzt wehte ein kühler Abendwind. Er trocknete die Luft. Wir saßen auf Schafsfellen, die über hölzerne Bänke vor den Hütten ausgebreitet waren. Karl hatte einen Kasten Bier spendiert. Um uns herum breitete sich das dunkle und unruhige Wasser des Bodensees aus. Der Blick reichte bis zum Schweizer Ufer. Weiter westlich stand eine hohe dunkelgraue Wolkenwand. Die Sonne war schon früh am Abend dahinter verschwunden. Hoch über uns war der Himmel bereits tief dunkelblau, überm Horizont schien er noch schwefelfarben. Lange hielt sich dieses Zwielicht.

Wir tranken Bier und redeten.

An den Hafeneinfahrten am gegenüberliegenden Ufer des Sees blinkten gelbe Lichter.

«Heute Nacht soll's stürmisch werden», sagte Karl.

Auf den Schafsfellen saß man warm, das weit heruntergezogene Strohdach der Bronzezeithütte überm Kopf, die trockene Bretterwand im Rücken.

Die dunkelgrauen Wolken schoben sich vor die Sterne am Himmel. Der schwefelfarbene Streifen über dem Schweizer Ufer war schon ganz schmal geworden, als der erste von uns fragte, wo man denn hier aufs Klo gehen könnte, er müsste jetzt mal *Bier wegbringen*.

«Man kann hier nur in den See pinkeln», erklärte Karl trocken, «das ist auch historisch korrekt. Das haben die in der Bronzezeit auch so gemacht.»

Und auf einmal mussten alle gleichzeitig *Bier wegbringen*.

Die Pfahlbauhütten der Bronzezeit zeichneten sich nur noch als schwarze Schatten ab vor dem dunkelgrauen See und dem verglimmenden Himmel über dem Schweizer Ufer. Das Holzgeländer des langen Steges zu den Pfahlbauten sah aus, wie mit feinen Linien gezeichnet. Am Geländer sah man im letzten Licht die Schatten von fünf Gestalten stehen, leicht breitbeinig, in respektvollem Abstand voneinander. In der Ferne flackerte ein Blitz.

Am folgenden Abend saßen wir im Restaurant unseres Hotels am See. Es war zu kühl, um draußen zu sitzen, weil es wieder den ganzen Tag über geregnet hatte. Das Essen war bestellt, wir stießen mit dem ersten Bier an. Wir spekulierten, ob ein Blitzeinschlag ins Wasser hätte gefährlich sein können, während wir uns vom Steg zur «Bronzezeit» in den See erleichtert hatten.

Schließlich ist Wasser ein elektrischer Halbleiter.

Auf Umwegen führte dieses Gespräch dazu, dass Herr Maiwald sich wunderte: «Alle Welt duzt mich, wildfremde Menschen, die mich nur aus dem Fernseher kennen – aber ausgerechnet die Leute, mit denen ich fast mehr Zeit verbringe, als mit meiner Familie, diese Leute siezen mich.»

«Wir sind nicht ihre Zuschauer, Herr Maiwald, wir sind ihre Mitarbeiter.» Altersmäßig hätten wir seine Kinder sein können.

«Normalerweise bietet der ältere das Du an», bemerkte ich, «deswegen siezen wir Sie immer noch.»

«Über solche Förmlichkeiten mache ich mir keine Gedanken», antwortete Herr Maiwald – äh, Armin.

28
EIN ERPROBTES FILMTEAM

«Das ist Jan», sagte Armin, als er einem Fremden seine Mitarbeiter vorstellte, «Jan ist meine linke und rechte Hand.» Das war in dem Jahr gewesen, als wir die Geschichte mit dem Pfahlbau gedreht hatten. Jan koordinierte die Dreharbeiten der verschiedenen Filme. Wenn Armin andere Termine hatte, übernahm Jan die Regie. Seit vielen Jahren ist er Teilhaber der «FLASH Filmproduktion» und noch viel länger macht er eigene Filme, bei denen ich ebenfalls die Kamera führe. Jan geht den Themen auf den Grund und organisiert die Arbeit so, dass unser Team stets frühzeitig am Drehort ist.

Die übrige Belegschaft hat im Laufe der Zeit gewechselt. Trotzdem arbeitet das jetzige Team auch schon seit Jahren zusammen.

Die Tonbearbeitung macht Peter, ein Musiker. Peter hat schwarze Locken, eine Brille, trägt gerne Anzüge zum T-Shirt und geht am liebsten in Gummischlappen – wenn es kalt ist auch mal in Turnschuhen. Peter hat einen leisen Humor. Wenn er mal einen Spruch abschießt, trifft er auch (*«zu früh – viel zu früh – FLASH»*).

Um die Produktionsleitung kümmert sich Caro. Sie durchschaut die Eigenarten der Verwaltung einer Filmfirma.

Wenn Armin zu Dreharbeiten unterwegs ist, dann muss Peter mit. Außerdem ist immer Anna-Lena dabei. Sie hat vor einigen Jahren bei «FLASH» angefangen, Dreharbeiten zu organisieren und Themen zu recherchieren. Sie arbeitet vor und hinter der Kamera und hat mittlerweile einige **Sach-**

geschichten als Regisseurin realisiert. Alle zusammen sind wir ein gut eingespieltes Team. Die Arbeit fließt. Gute Voraussetzungen, um sich auf das einzulassen, was vor der Kamera passiert.

29
ABBILDUNGEN DER WIRKLICHKEIT

In den verwinkelten oberen Etagen von Armins Haus gibt es ein winziges Zimmer, in dem eine Modelleisenbahn aufgebaut ist. Ich habe die Anlage niemals in Betrieb gesehen.

«Da fährt zur Zeit nichts», erklärte Armin, «ich baue gerade die ganze Steuerung um – wird alles digital.»

«Digitaltechnik» wäre wohl das letzte Stichwort, das einem einfiele, wenn man in der Mitte des winzigen Raumes steht. Man guckt hinab auf die Umgebung – wie früher der SPATZ VOM WALLRAFPLATZ aus seinem Nest. Die Anlage ist um den Betrachter herum gebaut, wie eine dreiviertelrunde Bühne. Die Kulisse zeigt eine Stadt am Rande des Ruhrgebiets im Jahr 1925. «Solbronn» steht auf den Ortsschildern im Modellbahnhof.

Im Hintergrund ragt der Förderturm eines Steinkohlebergwerkes über die rußgeschwärzten Fassaden der Stadt. Mehrstöckige Häuser stehen eng aneinander. Als würden sie sich an den nach hinten ansteigenden Hang drücken. In der Senke davor verlaufen die Gleise.

Es gibt wenig Grün zwischen den Schienentrassen, Bahnsteigen, Straßen und Gebäuden. An einer schmalen Böschung zwischen den Gleisen wuchert etwas Gestrüpp. Die Stadt hat ein großes Bahnbetriebswerk. Hier werden Dampflokomotiven gewartet und repariert, mit Wasser und Kohle versorgt.

Folgt der Blick dem Bogen der Gleise, die aus dem Bahnbetriebswerk hinaus führen, über ein kurzes Stück freier Strecke am Zimmerfenster vorbei, dann gelangt man an den Schienen entlang zum Bahnhof Solbronn-West.

Zwischen den schmalen Dächern über den Perrons warten Personenzüge mit dunkelgrünen Waggons auf Passagiere.

Es gibt nur wenige Menschen – also kleine Plastikfiguren – auf den Bahnsteigen. Aber es gibt Spuren der Werktätigkeit: Auf den Bahnsteigen des Postbahnhofes stehen Karren bereit, die mit Paketen beladen sind. In der angrenzenden Arbeitersiedlung mit den fünfstöckigen Wohnblöcken hat jeder Mieter seinen kleinen Balkon anders ausgestattet. Man sieht selbst gezimmerte Taubenschläge, bei einem anderen steht ein Schrank. Als lebten in den Wohnungen dahinter Menschen mit verschiedenen Bedürfnissen und Geschichten, von Armin erdacht und in sorgfältiger Kleinarbeit gebastelt.

Zwei haushohe, fensterlose Brandmauern sind mit Fassadenwerbung bemalt – wie zum Spott über die schmutzig-graue Stadt: «Persil» liest man unter dem Bild einer eleganten Frau in wehendem weißen Kleid. An der anderen fleckigen Fassade wirbt «Sunlicht Seife».

In Armins Modellanlage scheint die Eisenbahn nur ein Vorwand für die Kulisse der Stadt zu sein. Diese Stadt ist geprägt von Industrie, die wiederum abhängig ist vom Betrieb einer Eisenbahn. Die Anlage ist wie ein Diorama, wie ein dreidimensionales, realistisches Gemälde. Ein Bild ist ein überschaubarer Ausschnitt des Daseins. Dieses zeigt das Ergebnis der Arbeit seiner Einwohner: Gebäude, Straßen, Bahnbetrieb. Es fällt leicht, sich die Menschen vorzustellen, die dort leben würden.

Das faszinierende an der Eisenbahn ist die Organisation der Strecken. Die Gleise zwischen Personenbahnhof, Güterbahnhof, Postbahnhof und Bahnbetriebswerk müssen so verbunden sein, dass überall Güterwagen zum Be- oder Entladen abgestellt werden können. Gleichzeitig müssen verschiedene Züge und einzelne Lokomotiven rangieren und aneinander vorbeifahren können. Auf den Gleisen verläuft die Eisenbahn in festgelegten Spuren. In dieser Welt ist die Arbeit geprägt von einer durchschaubaren Ordnung.

Unter seiner Modellbahnanlage hat Armin mehrere hundert Meter Kabel verlegt. Damit werden Weichen und Signale angesteuert. Verschiedene Gleisabschnitte können unabhängig voneinander mit Strom versorgt werden.

Züge, die aus Solbronn abfahren, enden nicht etwa nach einer Runde um die Anlage wieder in Solbronn, sondern verreisen in einen Schattenbahnhof im Tiefgeschoss der Anlage. Dort gibt es für jeden Zug ein eigenes unterirdisches Abstellgleis. Nach der Digitalisierung seiner Anlage könnte Armin wahrscheinlich einen Fahrplan programmieren und die Züge automatisch entsprechend fahren lassen. Dann könnte er die Zugbewegungen im Modellbahnhof genau so beobachten, wie den klar geordneten Verkehr im Kölner Hauptbahnhof, den er vom Balkon seiner Wohnung aus sehen kann.

Zu Armins sechzigsten Geburtstag haben wir Mitarbeiter zusammengelegt und ihm einen Lehrgang zum Dampflokführerschein geschenkt.

Und dann wollte die Redaktion, dass wir filmen, wie Armin eine echte Dampflok fährt.

Im engen Führerstand der Dampflok war alles schwarz. Draußen, vor den Seitenfenstern leuchtete sommerliches Tageslicht. Das analoge Filmmaterial konnte diese starken Kontraste gut abbilden.

Die Filmkamera war so kompakt gebaut, dass ich mich damit im engen Führerstand der Lok zwischen Kessel, Kohlentender, Lokführer, Heizer und Fahrschüler Armin auch noch aufhalten konnte. Platz für so viele Leute war hier eigentlich nicht vorgesehen. Normalerweise arbeiten hier nur zwei Mann. Ich stand mit dem Rücken zum Kohlentender, hielt die Filmkamera auf der Schulter und schwenkte jeweils dorthin, wo etwas interessantes passierte. Ich konnte mich mit dem Oberkörper so weit hin und her oder vor und zurück bewegen, dass ich Nahaufnahmen machen konnte, wenn Armin den Dampfregler betätigte oder eine Halbtotale, wenn der Lokführer eingreifen musste.

Die Kamera ist *Jemand*. Jemand, der auf das reagiert, was vor seinen Augen passiert, vielleicht sogar erschrickt, wenn der Heizer unerwartet die Feuertür aufklappt und die beißende Hitze aus der offenen Feuerbüchse nach den Schienenbeinen des Kameramannes schnappt. Die Kamera weicht aus vor den Schwüngen der Kohlenschaufel in den Händen des Heizers. Der Kameramann leiht den Zuschauern seinen Blick. Sie fahren mit auf der Dampflok.

Für mich wurde dieser Film zum Mittel für einen Selbstversuch. Anschauung am eigenen Kind. Ich konnte unmittelbar beobachten, wie diese Sachgeschichte bei unserer Zielgruppe funktioniert.

Würde sich unser Sohn überhaupt für die Dampflokomotive interessieren? Er war im neuen Jahrtausend geboren. Weder in Polen, wo er seine

Ferien verbrachte, noch in Deutschland verkehrten noch Dampfloks. Allerdings beeindruckte ihn der Bahnübergang nahe unserer Wohnung. Schon, als er noch im Kinderwagen saß, schrie und weinte er, wenn die Schranken sich endlich öffneten und wir weitergehen konnten zum Rhein. Er war erst zufrieden, wenn wir stehenblieben und abwarteten, dass die Schranken sich wieder schlossen. Und dann rauschten Güterzüge, Regionalbahnen oder Intercity-Züge vorbei.

«I-CE-EEE!», rief er vergnügt.

Möglicherweise hatte sein polnischer Großvater ihm das Gedicht *Lokomotiwa* von Julian Tuwim aufgesagt. Noch heute kennt jedes Kind in Polen dieses Gedicht, das 1938 veröffentlicht wurde. Es ist eine Art Sachgeschichte und entstand, weil junge Dichter eine Sprache finden wollten, die das Leben in der modernen Großstadt wiedergeben konnte.

Genau so, wie die Redaktion des Kinderfernsehens beim WDR eines Tages eine Filmsprache suchte, die den modernen Alltag in Westdeutschland abbilden sollte.

Das Gedicht von Julian Tuwim beschreibt eine Lokomotive, die im Bahnhof steht, bereit zur Abfahrt. Besonderen Wert legte der Dichter auf die lautmalerische Wiedergabe der zischenden Geräusche, die eine Dampflok von sich gibt. Frei übersetzt beginnt der erste Vers auf deutsch etwa so:

Es steht am Bahnhof / die Lokomotive,
Die schwere, schwarze / schwitzende Maschine,
Sie stampft und keucht / und pustet und schnauft,
Von Glut und Hitze / in ihrem Bauch.

Das Gedicht zählt auf, wie viele Wagen angehängt sind und womit sie beladen wurden. Dann:

Plötzlich – Pfiff!
Plötzlich – Zisch!
Dampf – faucht!

Träge rollt die Lok an, zieht die angehängten Wagen auf den Schienen immer schneller aus dem Bahnhof, aus der Stadt, über Brücken, durch Tunnel, aufs Land. Das Gedicht erklärt, dass heißer Dampf den Zug ins rollen bringt. Das der Dampf aus dem Kessel, durch Rohre gepresst, in die Kolben stößt. Die Kolben treiben über ein Gestänge die Räder an.

Mit vier Jahren sah unser Sohn zum ersten Mal den Film, der Armin auf der Dampflok zeigt: «Hier seht ihr mich heftig ackern», kommentierte Armin, «Ich fahre eine Dampflok.»

Die Dampflok und die Aufnahmen von der Arbeit, die Armin, der Lokomotivführer und der Heizer auf dem Führerstand machten, fesselten den kleinen Jungen. Dabei ist der Film fast eine viertel Stunde lang. In der Mitte gibt es eine Szene, in der anhand eines Modells die komplizierte Antriebsmechanik im Dampfzylinder erklärt wird. Das ging dem Vierjährigen eindeutig über die Hutschnur.

Ungeduldig fuchtelte der Junge mit den Händen. Das hieß: Vorspulen!

Was ich mit diesem Film zu tun hatte, wusste mein Sohn nicht.

Monatelang guckten wir diesen Film zwei- oder dreimal in der Woche. Mir kam Charlie Chaplins Mahnung in den Sinn: «Filmemacher sollten bedenken, dass man ihnen am Tag des Jüngsten Gerichts all ihre Filme wieder vorspielen wird.»

Der Dampflokfilm wurde zur Gutenachtgeschichte. Die Stelle mit der Erklärung der Mechanik spulte ich mittlerweile bereits selbstständig vor. Sehr zur Zufriedenheit meines Sohnes. Diese schematische Darstellung einer Mechanik interessierte ihn nicht.

«Ey!», rief er eines Abends aus. Ich hatte gerade den Vorspulknopf angeklickt. «Neeneeneee!», rief er, «Ich will gucken.»

Konzentriert verfolgte er die Erklärung der Funktion des Dampfzylinders – von da ab jedes Mal, wenn wir den Film sahen.

30
Kleinasien im Keller

Kleinasien. Zwei Minuten Kleinasien. Zwei Minuten, um zu erzählen, wieso der Nikolaus seine Geschenke in Strümpfe oder Schuhe steckt. Für zwei Minuten Film gibt es kaum Geld.

Der Film sollte ein Einspieler für die MAUS-Show sein. Bei einer Show steckt das Geld nicht im Inhalt, sondern in Bühne, Licht und Effekten – in allem, was dazu dient, das bloße Auge zu beeindrucken.

«Es ist nicht die Frage, ob ein Film sich rechnet. Wichtig bei einem Film ist die Frage, ob seine Erzählung trägt», erklärte Armin einmal bei einem Feierabendbier auf einer Hotelterrasse am Hamburger Flughafen. Und bei einem anderen Feierabendbier in Köln, im besagten «Weinhaus Vogel», sagte er: «Ob du eine Geschichte mit Farben auf handgeschöpftes Büttenpapier malst oder mit Kugelschreiber auf Klopapier kritzelst, ist völlig egal – wenn die Geschichte gut ist.»

Also würden wir wegen des schmalen Etats den Nikolaus-Film auf einem Amateurformat drehen, in einer Kulisse, die allerdings die Aufzeichnung auf Kinofilm gerechtfertigt hätte.

Im Keller von Armins Haus gibt es einen langen schmalen Raum mit hoher Decke. Alle Wände, die Decke und der Fußboden sind schwarz. Unter der Decke sind Schienen angebracht, an denen hängen Filmscheinwerfer, die man entlang der Schienen in alle Richtungen verschieben kann. Das ist Armins Studio.

Dort sollte der Nikolaus-Film gedreht werden.

Jan hatte die Hintergründe der Sage recherchiert und sich ausgedacht, wie die Geschichte erzählt werden sollte, was nicht so einfach war, weil Zeit, Budget und Filmlänge begrenzt waren. Die Geschichte musste in einer einfachen Kulisse und mit wenigen Darstellern erzählt werden.

Die Geschichte, die unter Jans Regie entstand, erzählte sich etwa so:

«Vor langer, langer Zeit lebte in einer Stadt in Kleinasien – das ist heute in der Türkei – ein armer Kaufmann. Der hatte drei Töchter, die waren zwar hübsch, aber da sie so arm waren, fanden sie keine Männer, die sie heiraten wollten.

Der Vater fürchtete, seine Töchter in die Sklaverei verkaufen zu müssen.

Doch in der kleinen Stadt in Kleinasien lebte ein Bischof namens Nikolaus. Dieser Bischof hörte von einem Nachbarn, der von dem armen Kaufmann gehört hatte. Da sammelte der Bischof in seiner Gemeinde Geld. Er teilte das gesammelte Geld zu drei gleichen Teilen auf und steckte es in drei gleiche Beutel.

Nachts schlich sich der Bischof zum Haus des armen Kaufmannes mit den drei Töchtern. Er schaute sich um, dass ihn niemand sah ...

– und dann warf er schnell die drei kleinen Beutel mit Geld durch ein Fenster des Hauses von dem armen Kaufmann mit den drei Töchtern.

Hinter dem Fenster aber war die Kammer, in welcher die drei Töchter schliefen. Sie hatten am Fenster ihre gewaschenen Strümpfe zum Trocknen aufgehängt. So kam es, dass einer der drei Beutel in einem der Strümpfe landete.

Nun hatten die Töchter genug Geld, sodass jede einen Ehemann finden konnte, der arme Kaufmann dankte dem lieben Gott, undwennsienichtgestorbensinddannlebensienochheute.»

Eine weitere Anforderung war, dass Armin den armen Kaufmann und den weisen Bischof spielen sollte. Außerdem sollte er den Kommentar zum fertigen Film sprechen. Aber er wollte auch die Kulisse bauen. Er setzte sich im zweiten Stock des Hauses an den kleinen Schreibtisch in seinem großen hellen Büro.

Wie im übrigen Haus sind auch hier die Wände weiß und der Boden ist schwarz.

Mit einem feinen Stabilo-Stift zeichnete Armin einen Entwurf auf ein Blatt Papier, mit wenigen Strichen. Daneben kritzelte er ein paar Berechnungen.

Ich war bei diesen Vorbereitungen nicht dabei gewesen. Armin und Peter erzählten mir danach, wie sie zusammen mit dem Azubi die Kulisse im Keller gezimmert hatten.

Oft genug habe ich selbst dort unten gestanden, einen Hammer in der Hand, ungeübt im Umgang damit. Und dann hat Armin das Werkzeug genommen und mir gezeigt, wie man eins-zwei-drei einen stabilen Rahmen aus Dachlatten zusammennagelt.

«Warum schlage ich mit dem Hammer einmal auf die Spitze des Nagels, bevor ich ihn ins Holz hämmere?», fragte er mich wie ein Lehrmeister. Weil er merkte, dass ich es nicht wusste, antwortete er selbst: «Damit der Nagel das Holz nicht spaltet.» So hatte er es wahrscheinlich selber als studentische Aushilfe in der Kulissenwerkstatt des WDR gelernt.

Deshalb und weil mir der Umgang und die Sprüche bei «FLASH» seit so vielen Jahren vertraut sind, kann ich mir lebhaft vorstellen, wie sich der Kulissenbau abgespielt hat:

Zunächst ging Armin mit Karli, dem Auzubi, zu dem Baumarkt, der nur ein paar Häuser weiter war. Der Eingang des Marktes war direkt in der Bahnunterführung. Dort kaufte Armin Dachlatten, ungehobelt.

Karli war einer dieser Auszubildenden, die nicht verstanden, warum es sein kann, dass man Dachlatten schleppen muss, wenn man Filme machen will. Deswegen wirkte er ein bisschen misslaunig beim Tragen der meterlangen Dachlatten – erst recht, nachdem er sich dabei einen Splitter in die Handfläche gezogen hatte.

Karli und Armin trugen die langen Latten durch die Garage ins Haus, rangierten sie über die enge, gewundene Kellertreppe hinunter und legten sie im dunklen Studio ab. Armin schaltete das Baulicht ein, zündete sich eine Zigarette an, setzte sich im Schneidersitz auf den Boden und schickte Karli in die Werkstatt, die in einem Nebenraum des Kellers eingerichtet war. Karli sollte Gehrungssäge, Akkuschrauber und Spax-Schrauben bringen. Er brachte einen Akkuschrauber, eine Pappschachtel mit Zylinderschrauben und die kleine Metallsäge.

«Falsch!», entfuhr es Armin laut und: «Alles muss man selber machen.» Ächzend erhob er sich und ging aus dem Studio in die Werkstatt.

Es war später Vormittag. Peter hatte im Tonstudio eine fertige Mischung ausgespielt und damit war sein Tagwerk für heute erledigt. Etwas unschlüssig schlenderte er ins Foyer. Die runde, weiße Tischplatte war sauber gewischt, die Kaffeetassen waren abgeräumt. Nur ein braunes Fläschchen mit Echenacin-Tropfen stand noch einsam da. Peter ging die Treppe hinauf zur Empore, wo Caro ihren Schreibtisch hatte.

«Hat Armin Schnupfen?», fragte Peter.

«Armin ist unten im Studio, mit Karli», antwortete Caro. Sie hob den Blick von den Papieren auf ihrem Schreibtisch und wandte sich zu Peter: «Vielleicht guckst du mal, ich glaub', die können noch Hilfe gebrauchen.» Ihr war klar, wie die Arbeiten im Keller abliefen.

Als Peter mit den Händen in den Hosentaschen im schmalen Durchgang zum Studio stehen blieb, hockte Armin dort auf dem Fußboden und vermaß die Dachlatten. Mit einem dicken Zimmermannsbleistift zeichnete er Markierungen auf die groben Hölzer. Dann legte er den Stift beiseite und griff nach der Säge.

«Kann ich helfen?» fragte Peter.

Armin drehte sich umständlich um und schniefte.

«Piotr Iwanowitsch!», so nannte er Peter manchmal. Er erhob sich etwas schwerfällig, wobei er noch lauter schniefte, und sagte: «Du kannst die Säge nehmen und die Dachlatten an den Markierungen zersägen.»

Peter nahm die Hände aus den Hosentaschen, ergriff die Säge, hockte sich hin und setzte das Sägeblatt an. Karli hockte mit großen Augen daneben, hielt auf Armins Anweisung hin hier oder dort etwas fest, reichte Schrauben und Werkzeuge oder nahm sie ab und legte sie griffbereit beiseite. So bauten Peter und Karli nach Armins Anweisungen mehrere große Rahmen, mehr hoch als breit, schön sauber aus Pfosten und Riegel mit biegesteifen Rahmenecken. Nichts stand über, nichts war schief. Die Rahmen waren sauber und rechtwinkelig zusammengesetzt, wie vom Zimmermann. Darauf legte Armin Wert.

Jan hatte sich daran erinnert, dass es irgendwo im Fundus noch einen Ballen Sackleinen gab. Von irgendeiner früheren Produktion, Jahre zuvor. Peter breitete den groben Stoff auf dem Fußboden des Studios aus, zog ihn glatt und legte gemeinsam mit Karli einen der Rahmen auf den ausgebreiteten Stoff. Armin stand daneben und zündete sich eine Zigarette an. Dann erklärte er Karli, dass er nun den Stoff rund um den Rahmen – aber bitte mit einigen Zentimetern Überstand – abschneiden solle. Karli nahm sich eine große Schere und schnitt vorsichtig. Armin stand daneben und beaufsichtigte die schüchternen Handgriffe seines Auszubildenden. Er zog an seiner

Zigarette, atmete tief ein und während er den Rauch ausstieß, sagte er ungeduldig: «Weihnachten wollen wir zuhause feiern!», und bekam einen Hustenanfall. Raucherhusten.

Peter schmunzelte.

«Den Stoff kannst du an den Ecken diagonal anschneiden», erklärte Armin, «so fünf Zentimeter tief, dann kann man ihn besser umschlagen.»

Als Karli endlich die Schere beiseite legte, schlug Peter das grobe Gewebe in der Mitte des Rahmens um.

«Beim Bespannen immer in der Mitte anfangen, sonst bekommst du den Stoff nicht faltenfrei, never ever!», erklärte Armin und reichte Peter den Tacker. Peter begann, damit den Stoff am Lattenrahmen festzuklammern.

Am Ende des Tages lehnten drei übermannshohe, mit grobem Leinen bespannte Wände an der Längswand des Studios. In einer der Wände gab es sogar eine schmale Tür mit rundem Bogen und daneben ein Fenster, ebenfalls mit romanischem Bogen.

«Morgen müssen wir den Studioboden vollständig mit Malerfolie auslegen», kündigte Armin an, «das wird 'ne Riesensauerei.»

Am nächsten Morgen schritt Karli schon viel selbstbewusster zur Tat. Während Armin, sein Chef, noch mit den anderen Kollegen im Foyer am großen runden Tisch saß, rauchte und Kaffee trank, schob er im Kellerstudio ganz alleine die riesigen, mit Sackleinen bespannten Rahmen hin und her und breitete quadratmeterweise Malerfolie über dem Studioboden aus. Die Malerfolie hatte er nach Jans Hinweis ebenfalls im Fundus neben der Werkstatt gefunden. Danach hatte er sogar noch Zeit, einige Minuten mit den anderen am Kaffeetisch zu sitzen.

«Jetzt müssen wir die Dinger erst mal an der Wand festmachen» erklärte Armin, als er kurz darauf mit Peter und Karli in den Keller kam.

«Wie das denn», traute sich Karli zu fragen.

«Na, mit einer Armlänge Abstand, damit man dahinter kann – ich muss ja beim Drehen als Kaufmann durch die Tür kommen können, und die Beutel mit dem Geld müssen durchs Fenster geworfen werden.»

Karli hielt die jeweilige Wand fest und Peter stieg auf die oberste Stufe der Aluleiter. Armin reichte ihm den Akkuschrauber, Schrauben und Winkeleisen. Damit befestigte Peter eine armlange Holzbohle als Abstandhalter an der Studiowand und daran die linke obere Ecke des mit Sackleinen bespannten Lattenrahmens, den Karli festhielt. Als sie den ersten Rahmen an der Wand fest hatten, stieg Karli mit dem Akkuschrauber auf die Leiter. Jetzt hielt Armin die jeweilige Wand. Mit brennender Zigarette im Mund. Wie ein richtiger Bauarbeiter.

Peter trank einen Schluck Wasser aus der Flasche, die er mit in den Keller genommen hatte.

Dann musste Karli unter Armins Anleitung Kleister anrühren. Kleister, Eimer, Rührwerkzeug, dicke Pinsel – alles gab es in den Schränken, die in der Werkstatt und am Fuße der Kellertreppe standen. Karli durfte die grobe Stoffbespannung der Rahmen von oben bis unten mit reichlich Kleister bepinseln «So, dass das richtig nass ist», sagte Armin. Peter pappte Zeitungspapier auf die Kleisterschicht.

«Das muss jetzt erst mal durchtrocknen» sagte Armin, als sie die ganze Kulisse mit Zeitung tapeziert war. Heute machen wir nichts mehr und morgen Vormittag auch nicht. Da hab ich MAUS-Ansage.»

«Ich könnte doch schon mal- », begann Karli eifrig.

«Nee. Morgen müssen wir richtig tapezieren, das machen wir besser zusammen. Aber was du tun könntest: Du könntest schon mal die Tapeten und Wandfarbe besorgen, Ha'm wir noch Abtönfarbe?»

Sie öffneten die Tür zu dem winzigen Raum zwischen Werkstatt und Kellertreppe. Das war dieser sogenannte Grafikraum, in dem Pappen, Holz- und Styrodurplatten und Farben gelagert wurden. Den engen Raum konnte man nur gerade so stehend betreten. In dem schmalen Regal rechts neben der Tür fanden sie Plastikflaschen mit Abtönfarben in beige, braun, gelb, ziegelrot und schwarz. Peter nahm die Flasche mit gelber Abtönfarbe in die Hand, schraubte den knirschenden Verschluss auf. Er schaute in die Flasche, schnupperte: «Eingetrocknet», stellte er fest.

«Gelb brauchen wir nicht», sagte Armin.

Am nächsten Tag, es war schon deutlich nach Feierabend. Armin, Peter und Karli hatten gerade erst die letzte Tapete geklebt, da kam Jan die Kellertreppe hinuntergestiegen. Auch er hatte noch länger zu tun gehabt, in seinem Büro verschiedene wichtige Dinge erledigt. Jetzt wollte er mal gucken, was Armin, Peter und Karli vollbracht hatten.

«Wat is', Jungs? Trinken wir noch'n Bier?» Armin zog sein Portemonnaie aus der Hosentasche seiner Jeans und drückte Karli einen Zehner in die Hand: «Für mich 'n Kölsch», sagte Armin.

«Beck's», sagte Jan.

«Hmm, für mich ein – Radler», sagte Peter und Karli stürmte die Treppe hoch.

Oben im Foyer. Karli schob Armin das Wechselgeld über die runde weiße Tischplatte, dann nahm er sich ein Feuerzeug und öffnete nacheinander die vier gut gekühlten Bierflaschen, die er im Kiosk drüben an der Kreuzung geholt hatte. Sie prosteten sich zu.

«Sand», sagte Armin etwas heiser, räusperte sich und wiederholte: «Sand. Morgen brauchen wir 'n Eimer Sand. Haben wir irgendwo noch 'n Eimer Sand?»

«Müssen wir gucken», sagte Jan, «Wozu braucht ihr Sand?»

«Den mischen wir in die Farbe, mit der wir morgen die Kulisse anstreichen – dann sieht das aus, wie eine verputzte Lehmwand und nicht wie Pappe.»

«Ahaa?», kam es langgezogen und zur Frage angehoben aus Jans Mund. Armin, Peter und Karli werkelten schon seit drei Tagen an der Kulisse für Kleinasien und brauchten auch noch einen vierten Tag.

Donnerstagnachmittag: Grinsend und nicht ganz ohne Stolz betrachteten Armin, Peter und Karli ihr fertiges Werk.

Karli hatte sich einen dieser weißen Papieranzüge übergezogen. Diese Anzüge waren von einem anderen Dreh übriggeblieben und lagerten bei den Requisiten. Karlis Papieranzug war aber kaum bekleckert. Armins Arbeitskleidung bestand wie immer aus dunkelblauer Jeans und aus einem guten blauen Polo-Shirt. Seine Füße steckten in weichen Clarks mit Kreppsohle. Auf ihrem schwarzen Rauleder waren einige lehmfarbene Farbspritzer angetrocknet, genau wie auf Armins Jeans, seinem dunklen Poloshirt, auf den Brillengläsern und am Kinn.

So standen sie vor der lang gestreckten, bräunlichen Fassade eines niedrigen Lehmhauses mit kleinen Fensterhöhlen und einer schmalen Tür mit Rundbogen. Statt einer Haustür oder Fensterscheiben gab es nur Vorhänge aus weißlich-gelbem Nesselstoff. An der Hauswand lehnte ein schmales Tischchen mit einer einfachen Markise.

Armin zog zufrieden an seiner Zigarette. Sein Studio war das einzige, in dem man jederzeit rauchen durfte. Er griff zu dem alten lilafarbenen Plastikaschenbecher und drückte darin das Ende seiner Zigarette aus.

«Morgen kann der Kai kommen und einleuchten und nächste Woche können wir drehen», erklärte Armin.

«Und wie viele Tage drehen wir dann?», fragte Karli.

«Einen Tag, wenn alles klappt. Reine Drehzeit: 'n halber Tag», winkte Armin ab, «Länger darf das nicht dauern.»

31
«Planung ist, wenn's trotzdem klappt»

Peter und ich waren die ganze Nacht hindurch geflogen. Bei uns zuhause war es jetzt etwa sechs Uhr morgens. Hier war es schon Mittag. Armin erwartete uns im Schatten des Vordaches am Ausgang des kleinen Flughafengebäudes von Siem Reap in Kambodscha. Er trug wie üblich Jeans und Halbschuhe aus schwarzem Wildleder. Statt des Poloshirts hatte er ein hellblaues Hemd an. Die Hemdsärmel hatte er hochgeschlagen. Seinen Kopf bedeckte eine dunkle Schiebermütze. Er war schon seit einer Woche hier und schien erfreut, uns zu sehen. Mittlerweile fühlte es sich manchmal schon so an, als wären wir alte Kumpels. Armin ging vor uns her zum Parkplatz. Sein hellblaues Hemd war am Rücken nass geschwitzt. Kein Wunder. Die Sonne schien und die Luft war wie in einem engen Badezimmer nach einer ausgiebigen heißen Dusche. Man hätte sich gar nicht so schnell abtrocknen können, wie einem neuer Schweiß aus den Poren rann.

Im Schatten war es erträglich. Das Restaurant unseres Hotels bestand aus einer überdachten Terrasse, schön luftig. Während des späten Mittagessens informierte Armin uns über die Orte, die er in der vergangenen Woche besichtigt hatte: «Ich habe verschiedene Einrichtungen besucht, in denen Kinder mit Behinderungen leben. Viele von ihnen sind Minenopfer. Ihnen fehlen Arme oder Beine oder alles beides. Diese Einrichtungen – bei uns würde man vielleicht sagen: diese Kinderheime – gibt es an verschiedenen Orten im Land. Dort wird versucht, den Kindern ein weitgehend normales Leben zu ermöglichen, damit sie trotz ihrer Behinderung zur Schule gehen können. Für manche besteht dort vielleicht sogar die einzige Möglichkeit, überhaupt zu überleben. Das ist in groben Zügen das, worum es in unserem Film gehen soll.»

Armin zuckte mit den Schultern und sagte: «Wir werden schauen müssen, was wir kriegen können. Ich glaube kaum, dass das, was ich bei der Vorbesichtigungstour gesehen habe, genau so noch mal vor der Kamera passiert – also alles wie immer», beschloss Armin unsere Regiebesprechung.

Er hatte eine Idee, was er machen wollte. Feste Pläne machte er ungern. «Nachher kommt sowieso alles anders», sagte er. Manchmal spottete er: «Planung ist, wenn's trotzdem klappt.»

Wir fuhren fast 1000 Kilometer auf der Landstraße durch Kambodscha, rund um den See Tonle Sap. Ohne Drehplan, nur mit einer Idee. Weil wir nicht wissen konnten, was uns begegnen würde, ließ Armin mich stets mit drehbereiter Kamera auf dem Beifahrersitz unseres Kleinbusses sitzen. So bekamen wir viel mit, zumindest von der Art, in Kambodscha unterwegs zu sein. Wir sahen eine fünfköpfige Familie mit Gepäck auf einem Motorrad, es begegneten uns ausschließlich hoffnungslos überladene Lastwagen. Schon aus der Ferne gut zu sehen waren die buddhistischen Mönche in ihren orangefarbenen Gewändern. Viele trugen einen Sonnenschirm. So wanderten sie an der Straße entlang. Selten war die Stecke einsam. Überall am Straßenrand saßen Frauen, im Schatten eines Baumes oder eines großen verblichenen Gartenschirmes. An kleinen Tischen boten Sie etwas zu essen an: Lotusblütensamen oder gedünsteten Reis in handlichen Bambusröhren. Armin musste alles vor laufender Kamera probieren.

Mit Hilfe von Chaneng, unserem Fahrer und Tom, unserem Übersetzer, fanden wir uns gut zurecht. Es gab viele kleine Gasthöfe entlang der Straße. Dort konnten wir warm essen, Reis, Gemüse und Fleisch, pikant gewürzt. So lernten wir, wie die Menschen hierzulande reisen und was sie unterwegs essen.

Das Leben in den Kinderheimen spielte sich weitgehend unter freiem Himmel ab. Natürlich war unser Besuch angekündigt. Es schien aber nichts aufgebaut oder extra für uns vorbereitet zu sein. Wenn Armin im Rahmen seiner Vorbesichtigung die Gastgeber auf die Dreharbeiten vorbereitet hatte, dann höchstens mit den Worten: «Bitte bereiten Sie nichts für uns vor. Lassen Sie alles so, wie es ist.»

Also Kinderchor, bunte Fähnchen und Girlanden sahen wir an keinem der Orte, die wir besuchten.

In einem Heim für Kinder mit körperlichen Behinderungen gab es eine Werkstatt für Rollstühle. Dort arbeitete ein junger Mann, der selbst beide Beine verloren hatte, nachdem er auf eine Landmine getreten war. Er baute und reparierte Rollstühle, vor allem aus Fahrradteilen, damit man überall an Ersatzteile kommen konnte. Gerade montierte er Räder an das Gestell eines Rollstuhls. Dabei saß er selbst im Rollstuhl. Mit kräftigen Händen und Armen hob und drehte er sein Werkstück, als wäre es aus Pappe. Ein Handwerker. Wenn man ihm lange genug zuschaute, verstand man, was er macht, ahnte, wo der nächste Handgriff erfolgen würde. Man konnte sich einschwingen in seinen Arbeitstakt. «Wir machen alles so, wie wir es zuhause auch machen würden», hatte Armin gesagt.

Nach den Aufnahmen in der Werkstatt gingen wir über eine weite Terrasse, die zwischen den niedrigen Gebäuden lag.

«Und jetzt?», fragte ich.

«Schau'n wir mal», sagte Armin, «wir können ja mal da rüber-»

Ein dunkelhaariger Junge mit leuchtend rotem T-Shirt schleppte sich an Krücken heran. Der Junge war vielleicht 15 Jahre alt. Seine Beine waren dürr und verkrüppelt. Er grinste.

Und dann stemmte er seine kräftigen Arme in die Krücken. Mit einem Schwung wuchtete er seine lahmen Beine Richtung Himmel und balancierte uns einen Handstand auf Krücken vor. Uns blieben die Münder offen stehen.

So viel zu: «Wir machen alles wie zuhause.»

Weil ich nicht schnell genug gewesen war, musste ich den Jungen bitten, seinen Handstand noch einmal vorzuführen. Das tat er auch. Und noch mal und noch mal. Herzlich lachend und kaum außer Puste.

Wir drehten ein Interview mit einem vielleicht vierzehnjährigen Jungen. Auf Englisch erzählte er uns, wie er beim Holzsammeln im Wald durch eine Mine einen Arm und beide Beine verloren hatte. Er wolle später Computerfachmann werden, erklärte er. Hier im Heim brachte er den jüngeren Kindern bei, wie man einen PC bedient. Er zeigte uns, wie er mit den primitiven Prothesen, die ihm angepasst worden waren, Treppen steigen konnte.

Dass Armin ein Interview mit einem der Kinder führen konnte, war eine der wenigen zuvor geplanten Szenen.

Wenn man an einem Drehort ist, um Eindrücke zu sammeln, und es gut läuft, kommt irgendwann der Augenblick, an dem man dasteht und sich sagt: «Tja dann ... Das wär's eigentlich ...»

Unserer Plan lautete: Wir erzählen, was wir sehen. Erst die Aufnahmen selbst ergaben einen Plan – für die Montage der Szenen über dieses Kinderheim.

Was wir brauchten, hatten wir im Kasten. Armin, Peter und ich standen auf dem Platz in der Mitte zwischen den Gebäuden des Kinderheimes. Planlos schauten wir uns um.

Was dann folgte, erzählte viel mehr über die Kinder in diesem Heim, als alles, was man hätte planen können.

Es tollte ein Dutzend Jungs heran, humpelnd, mit und ohne Krücken, manche hüpften auf allen Vieren, andere liefen mehr auf den Händen als auf ihren Beinen. Sie warfen sich – anders kann man es kaum sagen – auf eine viereckige Betonfläche. Sie hatten einen Fußball.

Die betonierte Fläche war halb so groß wie ein Tennisplatz und von einem niedrigen, eisernen Gartenzaun umfasst. An allen Seiten gab es im Zaun jeweils einen schmalen Durchlass, durch den man die Fläche betreten konnte. Zwei dieser Durchlässe waren jetzt Tore. Der Torwart auf der linken Seite war etwa zehn Jahre alt. Einer seiner Arme war nur Haut und Knochen. Der Torwart auf der rechten Seite brauchte Krücken, weil seine Beine ihn nicht trugen, sondern einfach wegknickten. Schon kam der Ball geflogen, kräftig getreten von einem, der sicher auf beiden Beinen stehen konnte. Der Torwart warf seine Krücken in die Luft und ließ sich dem Ball entgegen fallen. Der Länge nach klatschte er auf den harten Boden. Den Ball hatte er abgefangen, aber nicht gehalten. Langsam zog er sich am Gartenzaun wieder hoch, mit breitem Lausejungengrinsen. Der Ball war längst wieder im Spiel. Wie in einem Knäuel kabbelten sich die Jungs um den Ball. Der Junge, der vorhin den Handstand gemacht hatte, war ein begnadeter Dribbler. Fußball spielte er mit den Händen, auf denen er auch lief. Geschickt drehte er sich, lief im Zickzack, schnell und geschickt, gleichzeitig den Ball zwischen den Händen spielend. Seine verkümmerten Beine federten auf den Füßen hinterher. Es dauerte eine ganze Weile bis es einem einbeinigen Jungen gelang, dem Dribbler mit dem Fuß zwischen die Hände zu angeln und sich den Ball zu erobern. Der Einbeinige drehte sich, wobei er den Ball mit einer Krücke mitführte, dann stemmte er seine Krücken breitbeinig in den Boden und drosch den Ball mit voller Wucht in Richtung Tor. Lautes Gejohle.

Es nützte nichts, dass ich schon so viele Fußballspiele gedreht hatte. Dieses Tor hatte ich verpasst.

Das Spiel lief einfach zu schnell.

32
DAS LEBEN BEIM FILM

«Das ist das beste, was du vor so einer Seefahrt machen kannst», erklärte Armin und bestellte sich ein weiteres Bier zum Mittagessen in dem Gasthaus beim Ostseehafen Mukran.

«Du musst essen. Dann hat dein Magen 'was zu tun.»

Und das Bier entspannt einen etwas. Gehört hatte ich diese Ratschläge auch schon von anderer Seite.

Ich aß, so gut ich konnte, aber trank kein Bier, weil ich ja noch unseren Teambus zum Hafen lenken wollte.

Tagelang war diese Fahrt hinaus zur Baustelle im Meer immer wieder verschoben worden. Erst wurde das Schnellboot zum vereinbarten Termin kurzfristig für einen anderen Einsatz gebraucht. Der Termin am folgenden Tag wurde abgesagt, weil es draußen zu stürmisch sei, die Wellen zu hoch, ungünstig für Dreharbeiten. Anna-Lena telefonierte, zog andere Dreharbeiten vor, sie jonglierte mit unseren Terminen, verschob sie wie beim Hütchenspiel. Wir waren nur eine knappe Woche auf Rügen. Danach mussten wir weiter, an der Ostseeküste entlang. Die Hotelzimmer waren gebucht.

Das Schnellboot hatte zwei Rümpfe wie ein Katamaran. Die Aufbauten waren eckig. Das ganze Boot sah nicht besonders schnittig aus, nur zweckmäßig. Ein Transportgerät. Nicht für Touristen, denen die schicke Form eines Schiffes Lust auf eine Mitfahrt machen soll. Dieses Boot brachte normalerweise eine Handvoll Arbeiter weit hinaus auf die Ostsee, zur Baustelle des Windparks Baltic Zwo. Und zwar möglichst schnell. Und jetzt sollte es uns dort hin bringen.

Der Mann, der uns an Bord begrüßte, trug Schuhe, Gurtzeug und Helm wie ein Bergsteiger. Im Gegensatz zu einem Bergsteiger trug er allerdings eine Schwimmweste um den Oberkörper. Er sprach Englisch mit uns, überreichte jedem von uns ebenfalls eine Schwimmweste und geleitete uns in die Passagierkabine. Der niedrige Raum hatte zu den Seiten und nach vorne große Fenster. Links und rechts vom schmalen Mittelgang waren stabile Sitze mit hohen Lehnen und Kopfstützen montiert. Es gab etwa ein dutzend Plätze, dazu einen Tisch, auf dem ein Pappdeckel voller duftender Apfelberliner lag. Neben dem Tisch stand ein Kaffeeautomat. Von der Decke herab hingen mehrere Bildschirme.

Die Motoren brummten, der Rumpf vibrierte. Ich verschlang – Armins Rat folgend – sofort einen Apfelberliner. Der Bootsmann wies uns an, sich zu setzen und anzuschnallen. Unsere Ausrüstung könnten wir auf dem Boden abstellen. Nur die Kamera behielt Tobi, unser Kameraassistent, auf seinem Schoß. Das Boot legte ab und drehte sich langsam im Hafenbecken zur Ausfahrt.

Mit uns an Bord waren drei Frauen und zwei Männer von der Presseabteilung der Windenergiefirma. Sie schienen die Tour schon öfter gemacht zu haben.

Über Lautsprecher meldete sich der Schiffsführer von der Brücke: «Good afternoon, my name is Dave, our journey will last about 45minutes, the sea is a little bit choppy. I will drive as steady as possible. Enjoy it.»

Der Bootsmann in Helm und Schwimmweste stellte sich vor uns auf, freundlich lächelnd: «Hi, my name is Dave»,

und alle lachten. Noch.

«Please fasten your seat belts. You can adjust your seat back, even in a reclining position. If you're worried about getting seasick, just close your eyes, even try to sleep. Before, please, watch our safety instructions on the screen. There is a toilet at the rear of the cabin, near the exit. Enjoy the journey.»

Bestimmt werde ich jetzt nicht, während wir schon fahren, auf den Bildschirm schauen, dachte ich. Dann wird mir ja sofort schlecht. Die können sich ihre Sicherheitsanweisungen sonstwo hin stecken, dachte ich, schob mir ein Ingwerbonbon in den Mund, verstellte die Sitzlehne nach hinten und versuchte, mich zu entspannen. So lange wir an der Inselküste entlang fahren würden, würde es nicht so schlimm werden, dachte ich, erst weiter draußen würde es kabbelig werden.

Unser Boot umfuhr die Hafenmole, die Motoren wurden laut,

der Bug hob sich …,

senkte sich und sauste hinab in ein Wellental ...
hob sich wieder ...,
glitt in hohem Bogen über den Wellenkamm,
und stürzte sogleich wieder ins nächste Wellental.
Wie auf einer Achterbahn.

Jeder unserer Sitze war einzeln auf einer massiven, gefederten Hubsäule montiert, um harte Stöße abzufangen. Wenn sich unser Boot hob, sank die Hubsäule mit dem Sitz ein, wenn sich das Boot senkte, hob sich der Sitz. Das funktionierte gut, nützte aber wenig.

Armin hatte es sich in dem Sitz rechts vor mir bequem gemacht.

Er lachte. Die Schaukelei schien ihm nichts anzuhaben. Unser Boot ritt über die kurzen Ostseewellen und Armins Sitz federte über die gesamte Höhe der Hubsäule. Etwa eine halbe Armlänge betrug der Federweg vom unteren Anschlag bis zum oberen. Hob sich das Schiff, versank die Hubsäule von Armins Sitz in den Sockel am Boden, fiel das Schiff in ein Wellental, zog sich die Hubsäule seines Sitzes zur vollen Länge aus. Jeder Hub endete mit lautem Knall am Anschlag. Das musste etwas mit Armins erheblichen Körpergewicht zu tun haben. Bei den anderen schwangen die Sitze nur leicht auf und ab.

Ich schloss die Augen.

Lag es am Ingwerbonbon? Oder am Apfelberliner? Am Mittagessen? Wir erreichten das Feld mit den Windrädern und ich fühlte mich beinahe ausgeruht und durchaus stabil.

Wir zogen uns an, die Schwimmwesten drüber. Peter hängte sich das Tongerät um. Über das Mikrofon hatte er einen Windschutz aus Fell gezogen. Ich schulterte die Kamera. Wir traten auf das kleine Achterdeck. Unser Boot schaukelte beachtlich. Es war schwierig, auch nur wenige Schritte geradeaus zu gehen. Der Himmel war weißgrau bedeckt, das wogende Wasser spiegelte dunkelgrau. Quer über das Deck war ein Tau gespannt, an dem wir uns festhalten sollten. Ich konnte mich nicht festhalten, denn ich musste ja mit meiner rechten Hand die Kamera auf meiner Schulter balancieren und mit der linken die Optik einstellen. Deshalb hielt Tobi mit einer Hand die Kamera am Tragegriff, falls sie mir aus den Händen gleiten sollte. Armin hatte seine linke Hand um den Rückengurt meiner Schwimmweste gekrallt und hielt mich so fest, dass ich nicht über Bord gehen konnte. Mit seiner anderen Hand hielt er sich, wie Tobi, an diesem Tau, an der Reling oder sonstwo fest.

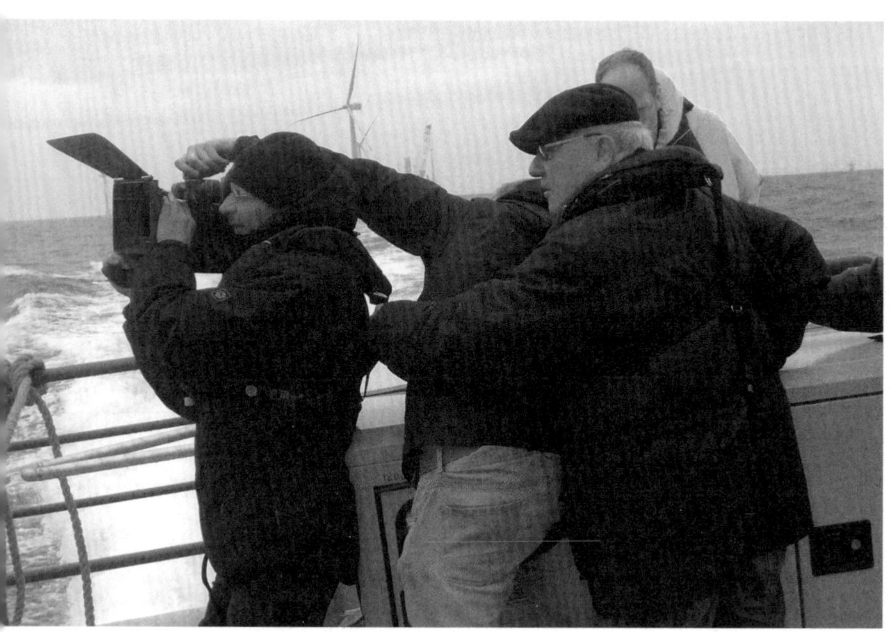

Die Sendung mit der Maus / Offshore-Windpark

Währenddessen kümmerte sich Anna-Lena um die Kommunikation mit den Presseleuten von der Windenergiefirma. Der Wind und die Motoren dröhnten laut. Wir konnten uns nur durch lautes Rufen verständigen.

Als erstes hatte ich eine Totale des Windparks im Meer zu drehen. Beim Blick durch den Sucher merkte ich, dass ich mich entscheiden musste, ob ich im Bild den Horizont des Meeres als fest ansehen sollte oder die Reling unseres Bootes. Ich entschied mich für den Horizont, stellte mich breitbeinig hin und ließ das Bootsdeck unter meinen Beinen auf und nieder schwanken. Das Fadenkreuz im Sucher heftete ich an den Horizont. Das ging gut.

Dann ließ Armin unser Boot näher an das Schiff heranfahren, von dem aus die Windräder mithilfe eines Kranes im Wasser aufgebaut wurden.

Ich klappte einen Deckel vor die Kameralinse. Gischt sprühte uns in die Gesichter, schmeckte salzig auf den Lippen und bildete einen feinen Nebel auf meinen Brillengläsern. Armins Gesicht leuchtete rötlich – wie vom salzigen Wind massiert. Nie zuvor und nie wieder danach habe ich ihn mit so gesunder Gesichtsfarbe gesehen.

Mir ging es zwar gut, ich war aber sicher grünlicher im Gesicht als Armin. Zur Vergewisserung schoss ich mit meinem Telefon ein Selfie von uns beiden.

Schließlich teilte Armin mir mit, dass wir die Möglichkeit hätten, einmal ganz nah an den Turm eines Windrotors heranzufahren: «Von da aus können wir am Turm hochschauen, dann bekommt man eine Ahnung davon, wie riesig die Dinger sind!», rief Armin mir ins Ohr. Dazu mussten wir auf das Vordeck unseres heftig schlingernden Bootes.

Wir balancierten, einer nach dem anderen, vom Achterdeck zum Bug, über den fußbreiten Steg außen vor den Fenstern der Kabine. Armin mit seinen 75 Jahren allen voran. Sonst vermied er jeden Fußweg. Über den Fenstern gab es ein Geländer. Man musste sich wirklich gut festhalten, denn das Boot schaukelte ja weiter, während wir uns zum Bug hangelten. Auf dem Vordeck setzte ich mich auf einen metallenen Absatz unterhalb der Kabinenfenster. Natürlich war dieser Absatz nass und kalt. Tobi setzte sich neben mich und stützte mich im Rücken.

Armin fragte: «Bist du bereit?!»

«Jo! Man los!», rief ich.

«Was sagst du!?» fragte Armin.

«Los!» brüllte ich, «Abfahrt!! Kamera läuft!!!» Ich hielt die abgeflachte Bugspitze unseres Bootes, so gut es ging, im Bild. Das Boot fuhr auf den Windrotor zu. Das Aufheulen der Motoren war hier vorne nicht zu hören, nur zu spüren – zu laut schlug uns der Wind auf die Ohren. Auf den letzten Metern fuhr das Boot langsam an den Turm des Rotors heran. Am Fuß des röhrenförmigen Turmes war eine Leiter angebracht und darüber eine Stahltür, durch die man ins Innere gelangen konnte.

Vorsichtig näherte sich unser schwankendes Boot der Leiter, die vor dem Bug auf und ab tanzte, als hinge sie an einer Gummischnur vom Himmel herab. Ich schwenkte am Turm hoch, bis ich im Sucher die Turmspitze mit der Rotornabe sehen konnte. Dazu musste ich mich weit zurücklehnen. Obwohl Tobi und Armin mich stützten, spannte ich unwillkürlich meine Bauchmuskeln an. Das fühlte sich ungut an. Ich schaltete die Kamera ab.

«Is' gut. Das mach' ich *nicht* noch Mal ...!», sagte ich.

«Was, noch Mal?!», fragte Armin, wandte sich sofort dem Bootsmann zu, winkte und rief: «Los, noch Mal! Once again!!» Schon entfernte sich unser Boot rückwärts schaukelnd von der Windkraftanlage, um einen neuen Anlauf zu nehmen.

Und los ging's. Diesmal gelang die Annäherung tatsächlich flüssiger und mein Schwenk war auch besser. Aber der Blick in die Höhe vom schwankenden Boot und die Anspannung der Bauchmuskeln bekamen mir nicht. Mir wurde schlecht.

Vielleicht hätte ich vor der Rückfahrt noch einen Apfelberliner essen sollen. Stattdessen habe ich mich schnell wieder auf meinen Sitz geschnallt, die Lehne in Liegeposition verstellt und gehofft, dass wir so schnell wie möglich wieder im Hafen sind. Aber so funktionierte das nicht.

Unser Schnellboot kämpfte sich gegen Wind und Wellen zurück, auf und ab schaukelnd, schwankend nach links und rechts.

Armin saß auf seinem hüpfenden Sitz, Jacke an, Mütze auf und ritt die Reise ab, als säße er im Salonwagen einer zockelnden Schmalspurbahn.

Ich schloss die Augen, versuchte zu schlafen. Mit jeder Welle schlingerten mir wirre Bilder durch den Kopf.

«Join ‹FLASH›, see the world», sagte Armin manchmal.

Mir kam ein schlechtgelaunter römischer Legionär aus *Asterix* in den Sinn: «Kommt zu Legion, haben sie gesagt, da könnt ihr 'was erleben, haben sie gesagt.»

Nicht auf die Uhr schauen, einfach schlafen ...

«Ach, Sie arbeiten für DIE SENDUNG MIT DER MAUS – wie süß!», rief eine Nachbarin neulich entzückt, «da arbeiten Sie bestimmt ganz viel mit Kindern!», freute sich die Nachbarin. Andere Leute glauben, wir berieten uns ständig mit Pädagogen. Viele stellen sich vor, dass Filmemachen für Kinder auf jeden Fall etwas ganz anderes ist, als Filme für Erwachsene zu drehen: immer lustig.

Wenn die uns jetzt sehen könnten: den vergnügten Armin und seine im Gesicht blassgrünen Mitarbeiter. Wir sind ständig an Orten, wo es laut ist, wo es stinkt, wo man abstürzen kann, wo man schmutzig wird, Helm tragen muss und Sicherheitsschuhe, wo nicht nur Kinder nicht hin dürfen und wo man seekrank werden kann. Wir sind ganz normale Filmleute. Wir gucken für andere.

Ich musste raus. Das einzige Klo an Bord gleich neben der Tür zum Achterdeck war schon besetzt.

«Rausrausraus!», rief die Pressesprecherin der Windenergiefirma. In der Sicherheitsbelehrung hatte es noch geheißen, dass man ohne Schwimmweste und während der Fahrt niemals nach draußen an Deck darf. Fast wäre ich mit Anna-Lena zusammengestoßen, die sich in der frischen Luft an einem weiß lackierten Handlauf festhielt. An Deck stand auch Dave mit Helm und Schwimmweste und wies mir einen Platz zu, an dem ich mich festhalten konnte: «You can throw up everywhere», informierte er mich.

Zwei Stunden dauerte unsere Fahrt über die bockige Ostsee zurück zum Hafen. Ich stand über einem aufgeschossenen Tau, klammerte mich mit der linken Hand an einen Rettungsring und mit der rechten an einen Kasten für eine Löschdecke. Soweit ich sehen konnte, hielt sich Anna-Lena immer noch an dem Geländer fest. Irgendwann entdeckte ich, dass Peter in der Tür zum Achterdeck am Boden saß, grau im Gesicht.

Als das Boot hinter die schützende Hafenmole einbog, kam Armin an Deck. «Ich wollte schon vorhin raus, um nach euch zu gucken, aber die haben mich nicht gelassen», sagte er und schaute uns sorgenvoll in die Gesichter.

An Land ließ Armin sich den Autoschlüssel geben. Er fuhr uns, sein Team, zum Hotel im Nachbarort, lenkte den VW-Bus so behutsam, als hätte er statt seekranker Mitarbeiter lauter offene Marmeladengläser auf der Rückbank.

Auf dem Parkplatz hinter unserem Hotel bemerkte er, dass es allen schon wieder besser ging.

Da lächelte Armin und konnte sich seinen in solchen Momenten üblichen Spruch nicht mehr verkneifen: «Haben Sie sich Ihr Leben beim Film so vorgestellt?»

33
DIE MÖGLICHKEIT DES SCHEITERNS

Die **Sachgeschichten** zeigen selten nur Eindrücke. «Zu impressionistisch» sei das, fand ein Redakteur. Es soll zu erkennen sein, *wie* etwas funktioniert und was im Inneren des Gehäuses steckt. Das kann man oft am besten sehen, während ein Werkzeug, eine Maschine, ein Passivhaus, ein Feuerwehrauto gebaut wird.

Also, *wie* wird ein Löffel hergestellt? *Wie* wird eine Kombizange gefertigt? *Wie* baut man ein Schiff? *Wie* baut man ein Flugzeug? Ein Auto? Und ein Feuerwehrauto?

Gelegentlich wirken diese Filme fast wie Bauanleitungen. In manchen Fabriken will man uns an einigen Stellen nicht so gerne zuschauen lassen. Weil die Ingenieure der Konkurrenz dann sehen könnten, wie das eine oder andere montagetechnische Problem gelöst wird.

Was wird wann und woran montiert? Man sieht Werkstücke und Werkzeuge und Arbeiter, die routiniert damit umgehen. Man erkennt, dass in der Fabrik alles so eingerichtet ist, dass alle Handgriffe schnell und ohne unnötiges Hin und Her erledigt werden können.

Die Drehleiter ist so ein Thema. Feuerwehrauto. Das mit der ausfahrbaren Leiter. Ein Ur-Thema des Kinderfernsehens. Das kam schon damals beim SPATZ VOM WALLRAFPLATZ vor. Ausführlich, aber eher impressionistisch, zeigte der Film, wie die Feuerwehrleute am Einsatzort das Fahrzeug mit der Drehleiter zwischen hohen grauen Häusern in einer engen Gasse der Kölner Innenstadt rangierten, wie sie das Fahrzeug abstützten, wie an der Spitze der Leiter der Korb eingehängt wurde, wie zwei Mann einstiegen und die Leiter bis zum Dachfirst ausgefahren wurde, um eine Katze zu retten, die sich aufs Dach verstiegen hatte.

In der SENDUNG MIT DER MAUS, bei der ersten Sachgeschichte über eine Drehleiter, wurden die Funktionen des Fahrzeugs vorgeführt: Führerhaus mit Funkgerät und Schaltern für Blaulicht und Martinshorn; am Steuerstand für die Drehleiter wurde genau erklärt, welcher Hebel für das Aus- und Einfahren der Leiter diente, mit welchem Hebel das Heben und Senken der Leiter gesteuert wurde und mit welchem die Drehung der Lafette; es wurde gezeigt, wo man die Anzeige für Neigungswinkel und Tragfähigkeit der Leiter ablesen kann, wo am Fahrzeug die hydraulischen Stützen angebracht sind und welches Zubehör noch an Bord ist. Diesen Film hatte einer meiner Vorgänger in den siebziger Jahren gedreht.

Zwanzig Jahre später, 1993, haben wir dann den gleichen Film noch mal gedreht, weil die Feuerwehren inzwischen wesentlich modernere und besser ausgestattete Drehleiterfahrzeuge hatten.

Mehr als weitere zwanzig Jahre später, 2017, sollten wir einen ausführlichen, mehrteiligen Film über die Herstellung eines Drehleiterfahrzeugs drehen.

Heutzutage soll im Film nicht nur zu sehen sein, *dass* ein Monteur eine Arbeit macht. Unsere Zuschauer sollen erkennen können, *wie* die Arbeiter im Werk Bauteile verschrauben, *wie* sie Kabel und Hydraulikleitungen im Fahrgestell verlegen, *wie* geschweißt wird und *wie* die Grundierung aufgebracht wird, bevor lackiert wird.

«Der fertige Film soll natürlich keine Bauanleitung für eine Drehleiter sein», erklärte Armin mir, als wir eines Tages am runden weißen Tisch im Foyer saßen und den bevorstehenden Film besprachen.

«Allerdings kann ich dir auch nicht sagen, was wir da im einzelnen zu sehen bekommen werden, während die Arbeit läuft. Mit irgendwelchen sensationellen Überraschungen rechne ich eher nicht», sagte Armin. «Wir verfolgen ein bestimmtes Feuerwehrauto. Jede Drehleiter ist anders, weil jeder Kunde etwas anderes will. Das fängt schon beim Fahrgestell an. Viele Arbeitsschritte passieren nur ein Mal. Das müssen wir dann haben. Und es passiert nicht in der Reihenfolge, wie es für eine Filmerzählung dramaturgisch spannend ist, sondern so, wie es für die Montage eines Feuerwehrautos am effektivsten ist. Und ich kann dir nicht mal sagen, ob es dabei überhaupt irgendetwas etwas gibt, was besonders spannend ist – weil ich auf der kurzen Vorbesichtigung auch nicht alles sehen konnte. Die Redaktion

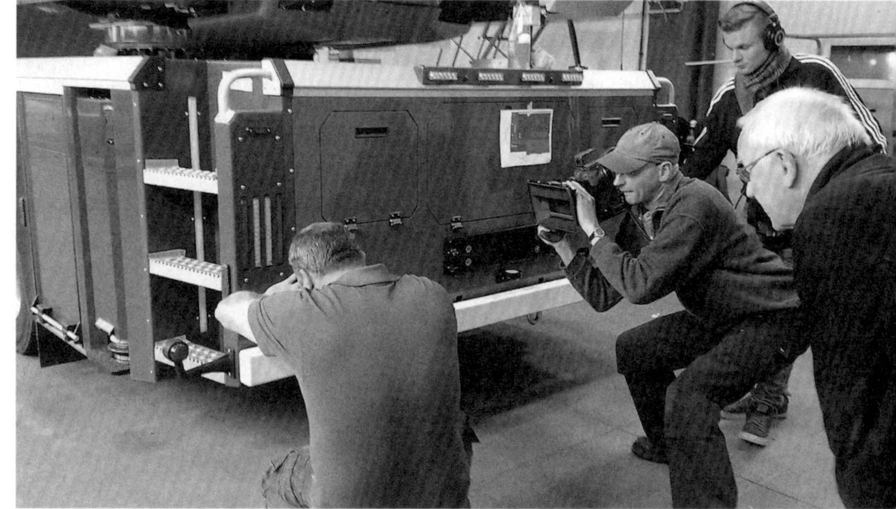
Die Sendung mit der Maus / Wie ein Feuerwehrauto gebaut wird

möchte, dass wir die Geschichte über vier Folgen erzählen. Unsere diesjährige Sommergeschichte. Eine Reise vom einen Ende einer Werkshalle zum anderen. Keine Ahnung, ob es uns gelingt, daraus eine Erzählung zu machen, die unsere Zuschauer über vier Wochen bei der Stange hält.»

Etwas nachdenklicher fügte Armin hinzu: «In der Redaktion sagen sie natürlich: ‹Das wird wieder eine super Geschichte, Armin. Du machst das schon.› Die haben offenbar eine genauere Vorstellung als ich ...»

Er schwieg einen Moment.

Dann guckte Armin mich mit großen Augen an. Ratlos hob er die Schultern und sagte leise: «Manchmal frage ich mich ernsthaft: *Kann ich das überhaupt?*»

Zu genaue Erwartungen können den Grat zwischen Scheitern und Gelingen eines Filmes ziemlich schmal machen.

Wie damals, bei dem Film mit der «Blumenuhr».

Der schwedische Botaniker Carl von Linné, Rektor der Universität von Uppsala, hatte einst beobachtet, dass verschiedene Pflanzen zu bestimmten Tageszeiten ihre Blüten öffneten und auch zu einer bestimmten Zeit schlossen. Er konnte also am Zustand der Blüten verschiedener Pflanzen die Tageszeit ablesen. Wie auf einer Uhr. Einer Blumenuhr. Das sollten wir in einem Film darstellen.

«Ja das könnte gehen», signalisierte ein Gärtner aus der Lüneburger Heide, «bei mir im Garten können Sie das drehen.»

Und Armin: «Dann besorgen wir uns eine Bahnhofsuhr, die legen wir in die Mitte und rundherum stellen wir die Töpfe mit den entsprechenden Pflanzen. Und dann müssen wir die Anlage natürlich rund um die Uhr beobachten. Wir brauchen eine Zeitrafferaufnahme von der ganzen Anordnung mit Bahnhofsuhr und Blumenpötten drumherum und von jeder Pflanze eine Zeitrafferaufnahme, wo man sieht, wie sich ihre Blüte öffnet.»

Wir brauchten also mehrere Zeitrafferkameras. Und weil die nicht alle automatisch liefen, sondern von Hand ausgelöst werden mussten, brauchten wir auch genug Leute, die sich bei der Arbeit ablösen könnten. Zur Blumenuhr gehörten auch Pflanzen, die nachts ihre Blüten öffnen. Wahrscheinlich, um von irgendwelchen Nachtfaltern bestäubt zu werden.

«Eine verrückte Geschichte», gluckste Armin, «Am besten übernachten wir in Zelten neben der Blumenuhr und machen das gleich zum Teil der Geschichte.»

So reisten wir an einem schönen Sommertag mit Zelten, Campingstühlen, Sonnenschirmen und Kochgeschirr bei dem Gärtner in der Lüneburger Heide an. Sein Garten war riesig. Ich filmte, wie Armin, Jan, Ernie, Elke und der neue Azubi unser Lager aufbauten. Sie breiteten eine Folie aus, die mit einer dicken Lage Sand bestreut wurde. So entstand eine viereckige, sauber geharkte Fläche, in deren Mitte die Bahnhofsuhr abgelegt wurde. Das sah gut aus.

Um drei Uhr nachts sollte Drehbeginn sein. Die Bahnhofsuhr war von innen beleuchtet.

Immer zwei Leute betätigten einige Stunden lang die Zeitrafferkameras, bis sie von den nächsten beiden abgelöst wurden.

Der Morgen graute, der Himmel war bedeckt. Er blieb es den ganzen Tag über.

Alle Pflanzen hielten ihre Blüten geschlossen. Nur der Kürbis öffnete irgendwann ganz zaghaft und nur ein bisschen seine Blüten. Und auch nicht zur angegebenen Zeit. Nichts klappte. Armins Stimmung wurde düster. Die Dreharbeiten waren ja ziemlich aufwändig gewesen, aber der Erwartung, eine funktionierende Blumenuhr zu zeigen, wurde der Film nicht gerecht. Auftrag nicht erfüllt.

Armin war ziemlich niedergeschlagen. Ob er fürchtete, mit diesem Dokument einer Panne die Redaktion zu enttäuschen?

Das ganze Team redete ihm gut zu: «Eine Geschichte ist es doch trotzdem.»

Armin zweifelte. Die ganze Rückfahrt über schien er zu grübeln. Am Abend nach unserer Ankunft in Köln, im nächtlichen Garten hinter seinem Haus, wollte Armin noch einen Schluss für den misslungenen Film drehen. Der Text, den er sich überlegt hatte, wirkte wie eine Entschuldigung.

«Lass uns das Bild so drehen, dass es wirklich dunkel aussieht», wies Armin mich an, «wie Mitternacht.»

Er stellte sich vor die Efeuwand und wurde sofort ärgerlich, als ich einen schwachen Scheinwerfer mit bläulichem Licht auf den Hintergrund richtete, damit die Kamera wenigstens seinen Schatten wahrnehmen konnte. Als die Kamera lief, richtete er die leuchtende Taschenlampe auf sein Gesicht und erklärte mit finsterer Miene: «Dies ist die Geschichte eines Scheiterns ...»

Seine Stimme klang düster. Und das war nicht gespielt.

Aber mit diesem Schluss war unser Redakteur nicht einverstanden. Den mussten wir nachdrehen. Armin schien immer noch nicht zufrieden, aber zumindest etwas erleichtert, weil sich unser Redakteur durchaus amüsiert hatte, wie der Film unser Missgeschick vorführte.

Also mussten wir die nächtliche Szene vor der Efeuwand noch einmal drehen. Wieder richtete Armin die Taschenlampe auf sein Gesicht: «Tja, Freunde ...», sagte er matt, «Abbau im Dunklen ... Diesmal hat wirklich *nichts* geklappt», Er klang, als hätte er sich wieder ganz in seine Stimmung am Ende der Dreharbeiten hineinversetzt, «alles, was schiefgehen konnte, ist schiefgegangen ...»

Bei der Abnahme hatte der Redakteur angeregt, die Zuschauer aufzufordern, uns zu schreiben. Deshalb sagte Armin jetzt, und er klang dabei zwar immer noch erschöpft, aber nicht mehr so abgrundtief frustriert: «Also, wenn *ihr* vielleicht noch 'ne Lösung habt, was wir noch versuchen können oder wie's klappen könnte, lasst uns nicht dumm sterben – vielleicht versuchen wir's ja nochmal.»

Es kam viel Post.

Ohne, dass das Ende unseres Filmes verfälscht wurde, hat es doch eine zuversichtlichere Richtung bekommen.

Ich war damals etwas erschrocken gewesen, wie deprimiert Armin sich zunächst am Ende dieser Dreharbeiten gezeigt hatte. Vielleicht ist es so: Wer seine Zuschauer so ernst nimmt, wem derartig daran gelegen ist, dem Publikum nichts vorzumachen, der wird gelegentlich auch Zweifel bekommen, Fehler und das Scheitern fürchten.

34
TEILNEHMENDE BEOBACHTUNG

«Und sonst so?», rief die Stimme des Spatzen von irgendwo über mir. Den hatte ich jetzt fast vergessen.

Wir hatten gerade im Restaurant von Gioachino und Elena zu Mittag gegessen – es war Freitag. Ein wenig träge trotteten wir zurück zur Firma. Wahrscheinlich saß der Spatz irgendwo da oben in dem alten Baum neben dem Eigelsteintor. Meine Augen suchten die Baumkrone ab.

«Es geht, es geht», rief ich halblaut hinauf.

«Was hast du gesagt?», fragten Caro und Anna-Lena. Sie lachten, als sie sahen, dass ich weiter normal geradeaus gehen konnte, obwohl ich eben noch verwirrt in den Himmel geguckt hatte.

Ohne den Spatz hätte ich den Faden dieser Erzählung nicht gefunden. Der Spatz reagierte auf die Wirklichkeit und die Menschen in der Wirklichkeit reagierten auf den Spatzen. Er wirkte als *teilnehmender Beobachter*. Seine Art zu beobachten hat mich als Zuschauer im Grundschulalter beeindruckt und meine Art, die Umgebung wahrzunehmen, bis heute beeinflusst.

Den Spatz gibt es nicht mehr, aber er ist nicht weg. In den **Sachgeschichten** wird er oft durch die Kamera ersetzt. Auch sie wagt sich näher heran, als das normalerweise erlaubt ist, gelangt an Orte, die normalerweise kein Fremder betreten darf. Die Kamera *ist* ein *teilnehmender Beobachter*. Sie versucht, mit unbefangenem Blick zu ergründen, wie etwas geht, funktioniert oder wo etwas herkommt. Sie bewegt sich fast so frei wie der kecke Stadtvogel und ist ebenso neugierig. Sie ist mittendrin und guckt für unser Publikum. Manche Fernsehverantwortlichen glauben, das Publikum sei stumpf und teilnahmslos.

Tatsächlich ist das Publikum interessiert an allem, was rundherum passiert. Interesse ist die wichtigste menschliche Eigenschaft. Man braucht sie zum Überleben.

35
«WIR HATTEN NICHTS»

Gelegentlich mussten wir doch schmunzeln, wenn Armin einen dieser beiden Sätze wiederholte. Zugegeben: Das war nicht nett von uns.

Anna-Lena, Peter und ich waren mit Armin unterwegs zu Dreharbeiten in Bayern. «Auf der Suche nach der Kindheit» lautete der Arbeitstitel, mit dem die Redaktion uns losgeschickt hatte. Das Ungewöhnliche an diesem Auftrag: Keine Vorbereitungen, keine Suche vorab nach alten Schulkameraden, keine vorab geklärten Drehgenehmigungen. Ganz nach Armins Geschmack. Nur der Zeitrahmen war gegeben und unsere Hotelzimmer waren gebucht.

Wir sollten die Orte von Armins Kindheit aufsuchen, wenige Monate vor seinem achtzigsten Geburtstag.

Die Zeit, die Armin als seine Kindheit bezeichnet, lag zwischen dem Kriegsende, da war er gerade fünf Jahre alt, und dem Besuch der Unterstufe des Gymnasiums.

«Wir hatten nichts» lautete der eine Satz, den er bei jeder Gelegenheit wiederholte, «Gab's alles nicht» war der andere Satz.

Wir drehten in einem Dorf in Bayern, ein Ort wie gemalt, gelegen in einem flachen Tal an einem glitzernden See, umgeben von sanften grünen Hügeln. Aus der Ortsmitte ragte ein schlanker weißer Kirchturm empor, mit zwiebelförmiger Spitze.

Armin zeigte uns das Haus, in dem er als Junge mit seiner Mutter und seiner kleinen Schwester gelebt hatte, seine Grundschule und die Dorfläden, vor denen sie um Lebensmittel angestanden hatten. Er erzählte und zeigte uns, wo er als kleiner Junge Kühe gehütet hatte und wo er Fahrradfahren gelernt hatte.

Sie waren Flüchtlinge gewesen. Seine Mutter, seine Schwester und er waren bei fremden Leuten einquartiert gewesen, fühlten sich höchstens geduldet, waren angewiesen auf den guten Willen alteingesessener Dorfbewohner, die ihnen ein enges Zimmer zum Wohnen überlassen mussten oder einen kleinen Acker zur Verfügung stellten, damit sie ein bisschen eigenes Gemüse anbauen konnten. Einziges Eigentum waren die Fähigkeiten, die sie mit ihren Händen ausüben konnten, allenfalls mit Hilfe geliehener Werkzeuge. Die Kinder versuchten, der Mutter so gut sie konnten zu helfen. Ein Verwandter hatte dem kleinen Armin gezeigt, wie man defekte Bügeleisen repariert.

Am Ende unserer Dreharbeiten trafen wir sogar einen alten Mann, der uns den Ort zeigen konnte, an dem Armins Vater zwei Wochen vor dem Ende des Krieges in einem Bombenangriff gefallen war. Das war in einer kleinen Stadt, nur gut hundert Kilometer entfernt von dem Dorf, in dem Armin als Kind gelebt hatte. Das bombardierte Gelände war damals ein Güterbahnhof gewesen. Heute breitete sich dort eine weite, hell betonierte Fläche aus. Einige Container waren auf der Fläche abgestellt.

Wir waren samstags dort. Vielleicht hätte wochentags irgendein Betrieb stattgefunden. Jetzt lag die ausgedehnte Platte abgesperrt hinter einem übermannshohen Zaun, leer und verlassen. Auf der hellen Betonfläche hatten breite Lastwagenreifen beim Rangieren dunkle Spuren hinterlassen.

Wir hatten das Bild, das dieser Anblick bot, nicht gesucht. Es hatte sich gefunden. Wir hätten auch jede andere Situation hingenommen.

Jetzt schauten wir durch das verschlossene Gittertor auf die helle, harte Fläche. Eine unzugängliche Leerstelle.

Im fertigen Film kommt dieses Bild so beiläufig daher, dass man leicht übersieht, dass es vielleicht mehr erzählt, als Worte ausdrücken können: Wie es ist, als Junge ohne Vater aufzuwachsen.

Doch wichtiger für diesen Film waren die Orte im Dorf, an denen sich damals Armins Alltag mit Mutter und kleiner Schwester abspielte. Dazu hörten wir Armins Erzählungen, stets verbunden mit den Anmerkungen «Hatten wir nicht» und «Gab's alles nicht».

Anders vermochte er uns den Mangel nicht zu vermitteln, diesen Mangel, der für ihn als Kind keiner Erklärung bedurfte, weil er selbstverständlich war, in diesen Jahren, während denen seine Mutter sich beständig damit beschäftigte, aus nichts etwas zu machen, was zum Überleben notwendig war.

Und wir schmunzelten darüber, dass er das ständig wiederholte.

So wie Schüler die Eigenarten eines alten Lehrers belächeln, ein bisschen genervt, auch nachsichtig und mit der Ahnung, dass diese Eigenart ausdrückte, was das Leben dem Lehrer tief in die Seele geschrieben hatte.

36
AUS NICHTS ETWAS MACHEN

Der erste *Lockdown*. Gebuchte Drehtermine fielen aus. DIE SENDUNG MIT DER MAUS lief jeden Tag im dritten Programm. Die Kinder mussten zuhause bleiben, weil alle Kindergärten und Schulen geschlossen waren. Zu hohe Ansteckungsgefahr. Ein unbekannter Erreger breitete sich aus, eine unerforschte Krankheit, gegen die es keine Medikamente gab und keine erprobten Behandlungsmethoden. Viele ältere Menschen starben an dieser Krankheit. Armin war vor wenigen Wochen 80 geworden. Er sollte möglichst zuhause bleiben.

Aber irgendwie musste es auch weiter gehen. Anna-Lena konnte ihren neuen Film im Hause fertig stellen, Jan erledigte einige Aufnahmen, die irgendwo draußen im Freien gedreht werden mussten oder in weitläufigen Hallen, ohne engen Kontakt zu anderen Menschen.

Armin stand auf dem kleinen Balkon seiner Wohnung. Von dort aus konnte er die Bahngleise sehen, die zum Hauptbahnhof führten, Häuser, so weit das Auge reichte, eines der Hochhäuser vom Sender und sogar einen Turm vom Kölner Dom. Hier und da ragte zwischen den Häusern ein schlanker Baukran empor, an einigen Stellen gleich mehrere. Armin zählte nach. Von seinem Balkon aus konnte er sieben verschiedene Baukräne sehen. Sie hoben Lasten, drehten sich damit und setzten die Lasten an anderer Stelle wieder ab.

«Wieso kippt so ein Kran nicht um?»

Wahrscheinlich musste Armin dieses Thema nicht recherchieren. Er hatte oft genug auf Baustellen zugeguckt und viele Filme über Brückenkonstruktionen und andere Kräne gemacht. Er fand im Keller genug Holzleisten und verzog sich damit in seine Modellwerkstatt neben dem Eisenbahnzimmer. Dort baute, feilte, leimte er aus Holz das Gerüst eines Kranturmes – fast vollständig, ein paar Teile verleimte er noch nicht. Das wollte er erst vor laufender Kamera tun. Er baute einen drehbaren Fuß für den Kran und einen Ausleger, kramte Gewichte und Schnur aus dem Fundus und als er alles zusammen hatte, rief er mich an: «Hörmal, hast Du am Montag Zeit? Wir müssten eine kurze Geschichte drehen. Alles zuhause im Studio, auf dem Balkon und zwei Einstellungen draußen. Hast du Zeit?»

Natürlich hatte ich Zeit. Nirgends waren Filmteams willkommen. Es gab nur wenig zu drehen.

37
DAS ARCHIV UNSERES ALLTAGS

Es war zu der Zeit gewesen, als zahlreiche Menschen schon Fahrrad fahren konnten und die Eisenbahn bereits ein übliches Verkehrsmittel für viele war. Große Segelschiffe wurden seltener, weil die Dampfschifffahrt sich etablierte. Die meisten Menschen aber gingen nach wie vor zu Fuß, große Lasten wurden von Pferdewagen über die Straßen gezogen. Sich selbst bewegende Fahrzeuge mit Motor, die auf der Straße fahren konnten, gehörten zu den neuesten Erfindungen, waren aber so selten, dass sie keine Rolle spielten. Das selbstbestimmte Fliegen, wann und wohin man wollte, war ein unerfüllter Menschheitstraum – auf unabsehbare Zeit den Vögeln vorbehalten. Wer hätte damals gedacht, dass es keine zehn Jahre mehr dauern würde, bis ein Pilot mit einem motorgetriebenen Flugzeug vom Boden abhebt und, ohne Bruch zu machen, landet.

Damals wurden die ersten Filme gedreht und aufgeführt. Bis heute kann man sich diese kurzen Filme der Brüder Lumière anschauen. Sie zeigen kurze Szenen aus dem Alltag: ARBEITERINNEN BEIM VERLASSEN EINER FABRIK; FRÜHSTÜCK FÜR EIN BABY; SCHMIEDE BEI DER ARBEIT. Keiner dieser Filme ist länger als 50 Sekunden. Sie zeigen, was im Moment der Aufnahme stattfand.

Einer der bekanntesten dieser Filme zeigt die EINFAHRT EINES ZUGES IM BAHNHOF LA CIOTAT. Man kann die Filmaufnahme heute noch angucken. Die Aufnahme ist in Schwarzweiß, mit kräftigen Kontrasten, in Schatten und Lichtern durchgezeichnet und fast so scharf gezeichnet wie ein Fernsehbild von heute, 100 Jahre später. Es fällt auf, dass die Bewegungen in der Aufnahme ein wenig ruckeln.

Indem ein Mann einen hölzernen Gepäckkarren aus dem Vordergrund zieht, eröffnet er den Zuschauern folgenden Anblick: Man sieht Gleise, die in die Ferne führen. Dort liegt, hinter feinem Dunst, ein Gebirgszug mit sanft gewelltem Kamm. Der Bahnsteig im Vordergrund ist bestreut mit hellem Kies, der in der Sonne leuchtet. Eine schwarze Dampflokomotive nähert sich aus der Tiefe. Aus ihrem Schornstein stoßen rhythmisch weiße Dampfwölkchen. Die Lok rauscht an der Kamera vorbei. Sie zieht einen langen Zug dunkel glänzender Waggons hinter sich her. Der Zug wird langsamer. Die Menschen, die bisher am Bildrand abgewartet haben («Zurückbleiben! Zug fährt ein!») drängen auf den Bahnsteig. Unter ihnen einige Bahnbedienstete in dunkler Uniform mit Mütze. Schließlich kommt der Zug zum Stehen. Augenblicklich ist der Bahnsteig voller Leute. Viele scheinen Platzkarten für den Zug zu haben, denn sie strömen zielstrebig, an der Kamera vorbei, zum vorderen Ende des Zuges. Viele Frauen mit langen, weiten Kleidern und großen Hüten sind dabei. Zwei von ihnen führen zwei kleine Mädchen in weißen Rüschenkleidern an den Händen. Die Türen der Abteile öffnen sich. Fahrgäste steigen die Tritte zum Bahnsteig herab. Ein junger Mann in heller Kleidung nähert sich suchenden Blickes. Ein dunkler Hut beschattet seine Augen. Mit beiden Händen hält er einen mit weißem Tuch eingeschlagenen Korb.

Wenn man sich die Szene mehrfach nacheinander anguckt, ahnt man, dass jede der Personen auf dem Bahnsteig ihr eigenes Anliegen hat und nicht dazu bestellt wurde, für die Filmaufnahme zu agieren. Nur einzelne Passagiere scheinen die Kamera zu bemerken und schauen uns einen Moment lang direkt an.

Alle Menschen, die auf diesen Bildern leben, sind längst tot.

Ein halbwüchsiger Junge im knapp sitzenden dunklen Anzug schlendert wie zufällig, aber neugierig auf die Kamera zu. Ob er später den ersten Weltkrieg überlebt hat? Die kleinen Mädchen in den weißen Rüschenkleidern sind vielleicht eines Tages Großmütter geworden, falls sie den zweiten Weltkrieg überlebt haben. Ihre Enkelinnen trugen Miniröcke.

Es ist fraglich, ob dass das Originalnegativ dieser Szene noch existiert. Vielleicht gibt es noch Filmkopien, die direkt vom Original gezogen worden sind. Die Ablichtung der Wirklichkeit auf dem analogen Filmstreifen ist jetzt 125 Jahre alt.

Wie viele Aufnahmen ähnlichen Alters sind in Kellern oder auf Dachböden entdeckt worden? Oder auf Flohmärkten?

Man kann den Filmstreifen in die Hand nehmen und gegen den Himmel oder eine Lichtquelle halten und mit bloßem Auge betrachten. Mit Hilfe einer einfachen Lupe kann man mühelos die einzelnen Bilder erkennen, die auf dem Filmstreifen abgebildet sind. 25 Bilder hintereinander ergeben eine Sekunde Handlung. Man kann den Filmstreifen scannen und dann mit den jeweils modernsten Systemen wiedergeben. Als Speichermedium für bewegte Bilder ist der Film unschlagbar.

Welches unserer heutigen digitalen Medien wird man in hundert Jahren angucken können? Wird das Internet zum digitalen Dachboden werden, in dessen verstaubten Ecken Forscher und Sammler Filmdateien aufstöbern? Um diese Dateien zu öffnen, müssten die Forscher dann eine App haben, die seit Jahrzehnten ungebräuchliche Dateikodierungen entschlüsseln kann.

Wären 1971 die ersten **Sachgeschichten** auf einem damals verfügbaren elektronischen System aufgezeichnet worden und wollte man diese heutzutage abspielen, müsste man zunächst eine Maschine finden, die diese Aufzeichnungen abspielen kann. Die Bilder würden für unsere heutigen Augen gruselig unscharf und fehlfarben aussehen.

Elektronische Aufzeichnungen müssen von Zeit zu Zeit kopiert werden und in aktuelle Dateiformate umgewandelt werden, um sie lesbar zu erhalten.

Wenn das nicht geschieht, kann es passieren, dass ausgerechnet wir unserer Nachwelt den Eindruck einer Gesellschaft hinterlassen, die kaum Bilder hervorgebracht hat.

«Wir können nicht die ganze Welt abbilden. Das wird nicht gelingen», erklärte Armin gelegentlich, zuletzt spätabends nach Drehschluss, bei Espresso, Grappa und Bier, auf der nächtlichen Terrasse unseres Hotels am mittelalterlichen Marktplatz von Hildesheim, «Ich frage mich: Soll ich das ganze Mosaik erzählen – oder reicht erst mal ein einziger Stein? Die übrigen Steine erzähle ich nach und nach. Wir können höchstens versuchen, *eine* Einzelheit filmisch festzuhalten, und wie einen Mosaikstein zum nächsten fügen und hoffen, dass sich daraus irgendwann ein schlüssiges Gesamtbild ergibt.»

Ankunft der Transsibirischen Eisenbahn auf dem Moskauer Jaroslawski-Bahnhof – und die Gesichter der Menschen, die mit diesem Zug angereist sind, Start eines Langstreckenfluges von Frankfurt nach New

York – einschließlich aller Vorbereitungen, Wie die Bewohner eines Hochhauses ihren Müll entsorgen – vor fast 50 Jahren und heute. Das alles und viele andere Motive haben wir gefilmt. Und auch: Ankunft einer Dampflok im Bahnhof von Putbus auf der Insel Rügen. Da gab es nicht so viele Leute auf dem Bahnsteig, aber dafür eine Katze, die kurz vor der heran rollenden Lokomotive noch gemächlich übers Gleis schlich und im letzten Moment auf den Bahnsteig hüpfte.

Der Filmstreifen wiederholt getreu, was zum Zeitpunkt der Aufnahme war. Nicht mehr, aber auch nicht weniger. Wie die Aufnahmen der Brüder Lumière sind unsere **Sachgeschichten** auf Film gedreht. Sie zeigen mehr oder weniger große Steine aus dem Mosaik der Wirklichkeit und man wird sie in hundert Jahren noch angucken können. Auch ohne App.

Diesen Vergleich mit den Brüdern Lumière fand ein Kollege unangebracht: «Im Gegensatz zu den Aufnahmen der Brüder Lumière haben die **Sachgeschichten** keinerlei filmgeschichtliche Bedeutung», begründete der Kollege seine Einschätzung.

Können wir das von heute aus beurteilen?

Machen wir unsere Arbeit nur für den Augenblick?

In zwei oder drei Generationen wären die Wissenschaftler eines Museums für Kultur und Technik froh, wenn sie die Originale der **Sachgeschichten** in ihrer Sammlung hätten: Filmische Dokumente aus 50 Jahren Alltags- und Industriekultur im Übergang von der zweiten Hälfte des 20. Jahrhunderts zum 21. Jahrhundert. Filmaufnahmen, die *nicht* gemacht wurden, um einen Vorgang besonders vorteilhaft zu zeigen, *nicht* um dafür zu werben oder um etwas zu verkaufen, sondern nur, um uns, die Öffentlichkeit, darüber zu informieren, wie ein Arbeitsvorgang grundsätzlich funktioniert.

Schon jetzt kann man in diesen Filmen Arbeiten beobachten, die inzwischen nicht mehr gemacht werden. Sie zeigen, wie in den siebziger Jahren ein Tankwart gearbeitet hat, und welche Arbeit heute an einer Tankstelle gemacht wird. Wird es in Zukunft noch Tankstellen geben? Wie wird man sich ein Bild davon machen können, wie Atomkraftwerke funktioniert haben und wie dieser verstrahlte Müll entstanden ist, mit dem sich die Menschheit bis in alle Ewigkeit wird beschäftigen müssen.

Die **Sachgeschichten** zeigen die Arbeit von Handwerkern und Fabrikarbeitern zur jeweiligen Zeit. Man kann sehen, wie Maschinen funktionieren, die längst durch modernere ersetzt wurden. Welche dieser Geschichten interessant sind, müssen diejenigen entscheiden, die nach uns kommen –

aber dazu müssen sie den Inhalt dieses Archivs anschauen können, vom ältesten bis zum jüngsten Film.

Mit der Zeit ist es schwierig geworden, auf Film zu drehen. Die Infrastruktur bricht weg. Es gibt in Deutschland und dem angrenzenden Ausland nur noch vereinzelt Kopierwerke, die Filmmaterial entwickeln können.

***

Bei der «FLASH Filmproduktion» beginnt ein neuer Arbeitstag. Nach und nach kommen die Mitarbeiter und Mitarbeiterinnen im Foyer an dem runden weißen Tisch zusammen. Mal sind sie zu viert, mal zu siebt – je nach dem, was für eine Arbeit ansteht.

Früher, *damals*, vor fünfundzwanzig Jahren, stand auf diesem Tisch immer eine große Thermoskanne mit bitterem Kaffee, der schwarz wie Erdöl in die Tassen floss. Den Kaffee hatte jeweils derjenige Mitarbeiter gekocht, der als erster in der Firma war und sich zuständig fühlte. Damals rauchte auch die Mehrheit der Mitarbeiter.

Eines Tages stand noch eine zweite Thermoskanne auf dem Tisch – mit Tee. Der eine oder andere hatte von diesem Kaffee Magenschmerzen bekommen.

Mittlerweile kümmern sich Anna-Lena und Peter um den Kaffee, die bei der Auswahl der Sorten auch den Geschmack berücksichtigen.

Rauchen tut nur noch Armin.

Neulich kam Armin, wie an jedem Morgen um neun Uhr, ins Foyer, hängte seine schwarze Wildlederjacke über die Stuhllehne und setzte sich. Armin zog seine Zigarettenschachtel und ein Plastikfeuerzeug aus der Jackentasche und legte beides auf die Tischplatte. Dann angelte er sich eine Tasse vom Tablett in der Mitte des Tisches, jemand schob ihm die Kaffeekanne hin, er goss sich den duftenden Kaffee ein, schüttete ein wenig Milch dazu, rührte um. Bevor er den ersten Schluck nahm, fingerte er eine Zigarette aus der Schachtel und zündete sie an. Nach dem ersten Zug legte Armin seine Zigarette in dem schwarzen runden Aschenbecher ab und griff zur Tasse. Bis da hin – alles wie immer.

«Tja, Kinder», sagte Armin unvermittelt und blinzelte in die Runde, «sieht so aus, als wäre unsere schöne Filmzeit vorbei. Ab kommendem Jahr drehen wir nur noch digital.»

38
DER ROHE BLICK AUF DIE WIRKLICHKEIT

Abends auf dem Weg nach Hause war ich dann tatsächlich etwas melancholisch. Bei welchem Motiv würde der letzte Meter Film, den ich belichte, durch die Kamera laufen?

Von jetzt ab würde ich nur noch mit Kameras arbeiten, die schon Strom brauchen, wenn man nur mal durch den Sucher schauen möchte. Und die suggerieren, dass jetzt jeder eine Kamera bedienen kann, weil das Ergebnis sofort zu kontrollieren ist.

Ich wartete im Kölner Hauptbahnhof auf meinen Zug, Gleis 9, Abschnitt C, dort, wo der Bahnsteig allmählich schmaler wird. Da steht so ein eckiges, schmutziggraues Betonhäuschen, hinter dessen abgeschabten Stahltüren ein Lastenaufzug endet. Dort, fast am Ende des Bahnsteigs, sind weniger Leute, es gibt kaum Gedränge beim Einsteigen und mehr Chancen, im Zug einen Sitzplatz zu ergattern.

Manchen waren unsere auf Film gedrehten Aufnahmen nicht bunt genug. Sie sähen «so alt» aus. Ob das vielleicht eher an den dunklen alten Fabriken lag? Oder an den modernen, hellen, aber nüchtern unbunten Werkshallen? Anderen waren unsere reportagehaft gedrehten Bilder nicht schön genug-

«Na?», fragte eine hohe Stimme.

Ich sah niemanden.

«Was guckste denn wie sieben Tage Regenwetter?» Der Spatz flatterte eine Runde um meinen Kopf herum und setzte sich neben mir auf das graue Geländer.

«Schnabel voll von der Arbeit, wa?», spekulierte der Spatz, «Kenn ick», bemerkte er altklug, «Musst du mal was anderes machen. Hab' ick ooch gemacht. Was zu viel is', is' zu viel. Dauernd diese Filmleute, die hinter einem her sind. Dauernd gucken'se einem ins Nest. Und die ganzen anderen Leute denn ooch noch – neenee! Det war mir zuviel. Da bin ick umgezogen. Weiter weg vom Sender. Wo nich' so viele Filmleute 'rumlaufen. Tja!»

«Ach», winkte ich ab, «Natürlich würde ich manchmal lieber *schönere* Bilder machen. Das will jeder Kameramann. Aber mit buntem Licht, Konfetti und Kulleraugen wird kein Bild aus einer Fabrik glaubwürdiger.»

«Det macht ja auch keiner, oder?», fragte der Spatz.

Ich brummelte weiter: «Wenn man zum hundertsten Mal frühmorgens im knöcheltiefen Schlamm einer Baustelle herumwatet, einem wieder Mal an der heißen Papiermaschine der Schweiß in die Augen rinnt, oder man in einer Werkshalle an irgendeiner ölig stinkenden Maschine steht und eine winzige Stelle so zeigen will, das alle Zuschauer erkennen können, wie aus einem Stückchen Draht eine Büroklammer wird oder so ...»

«Heeee! Dein Zug kommt!», unterbrach der Spatz.

Ich versuchte noch meinen Gedanken zu Ende zu bringen: «... der rohe Blick auf die Wirklichkeit ...»

Der Spatz flatterte auf. «Nix für ungut!», rief er, «Gibt ja immer 'was zu gucken!»

Weg war er.

39
IM BIERGARTEN

Am Abend nach den Dreharbeiten treffen wir uns in der Bar des Hotels, in dem wir wohnen, oder gleich im Restaurant. Armin will dann besprechen, welche Aufnahmen wir im Laufe des Drehtages gesammelt haben. Wenn es einen Drehplan gibt, streichen wir die entsprechenden Aufnahmen aus der Liste und ergänzen, was noch fehlt.

Es ist einer der ersten Abende in diesem Frühjahr, an dem die sinkende Sonne noch so wärmt, dass man in Pullover und Jacke gemütlich draußen sitzen, schwatzen, essen, trinken – und Armin rauchen – kann. Der Biergarten des kleinen Hotels, in dem unser Team während der Dreharbeiten wohnt, ist geöffnet. Armin bestellt sich einen Espresso, einen Grappa und ein kleines Bier.

Unser Feierabendbier nach Drehschluss geht nahtlos über ins Abendessen. Der Biergarten füllt sich. Spaziergänger, Radfahrer, vereinzelt auch Familien, besetzen die Tische. Weißlicher Kies knirscht unter unseren Füßen. Das tief stehende Sonnenlicht glitzert zwischen frischen grünen Blättern hindurch, lässt Gläser mit Bier oder Rhabarbersaftschorle funkeln.

Gelegentlich bleibt jemand an unserem Tisch stehen, fragt:

«Sind Sie nicht der Mann von der SENDUNG MIT DER MAUS?»

Dann lacht Armin und sagt: «Tja. Es gibt mich auch ohne Fernseher drumherum.»

Manchmal nennen die Leute ihn irrtümlich «Achim» oder «Christoph». Sie bleiben stehen, wenn wir irgendwo in Deutschland in einer Fußgängerzone drehen oder – wie jetzt – abends im Biergarten des Hotels sitzen. Die

Leute kommen an den Tisch und fragen, ob sie ein Foto mit ihm machen dürfen, dabei halten sie ihre Mobiltelefone schon schussbereit in der Hand. Armin nimmt das erstaunlich gelassen hin, lächelt und lässt sich fotografieren. Die Hand mit der brennenden Zigarette versteckt er hinter seinem Rücken. Ich wette, es gibt Fotos, auf denen hinter Armins Schulter dicht neben seinem rechten Ohr eine Spur bläulichen Qualms emporkräuselt.

Die Leute freuen sich über seine geteerte Bassstimme, die genauso spricht wie im Fernsehen. Manchmal kommen reife Frauen auf ihn zu, sie fragen: «Sie sind der Held meiner Kindheit – darf ich Sie mal drücken?» Und Armin lässt sich drücken, immer die Hand mit der Zigarette aus dem Blickfeld, weil meistens gleichzeitig jemand fotografiert.

«Was früher ein Autogramm war, wird heute durchs Selfie ersetzt», stellt Armin hinterher fest.

Die Leute loben seine Filme, was Armin verlegen macht. «Wir geben uns Mühe», sagt er dann.

«Machen Sie weiter!» sagen die Leute, und verabschieden sich winkend.

«Bleiben Sie uns gewogen», ruft er ihnen hinterher.

Nach dem Essen, beim vorletzten Bier, wenn der Himmel über dem Biergarten schon dunkel ist, und nur noch wenige Gäste da sind, und unsere Gespräche die meisten Abzweigungen schon hinter sich haben, wenn, nachdem einer den Gesprächsfaden zum wiederholten Male mit einem derben Spruch entworren hat, und Armin zum dritten Mal sagt: «Hier nahm das Gespräch landwirtschaftliche Formen an» – dann kommen wir wieder auf unsere Arbeit zu sprechen und Armin wundert sich, warum ihn alle ansprechen, viele ihn umarmen wollen ...

«Ich bin kein Sänger, ich bin kein Schauspieler mit Schlafzimmerblick – was finden die an mir?»

Vielleicht ist es so: Spätestens seit 1963 taucht beim deutschen Fernsehen regelmäßig ein gewisser Armin Maiwald im Abspann auf. Eine feste Größe?

Er ist der letzte noch tätige Miterfinder der SENDUNG MIT DER MAUS. Er hat ein eigenes Filmgenre entwickelt, die **Sachgeschichten**. Man könnte diese Filme einem Außerirdischen zeigen. Der könnte sich daraus ein Bild von unserer Gesellschaft zusammensetzen: von unserer alltäglichen Arbeit. Von Dingen, die unseren Alltag begleiten, wie wir sie benutzen, wo sie herkommen, wie sie funktionieren und wie wir sie herstellen.

Eine Sachgeschichte zu drehen, bedeutet, vereinfacht gesagt, sich die Kamera zu schnappen, den Ton, vielleicht Licht, damit zum Motiv zu gehen und zu gucken, was da passiert. Möglichst ohne zu stören. Ganz einfach. Wenn man weiß, wie's geht.

Es hat etwas mit Hingabe zu tun.

Dabei muss man sein Handwerk beherrschen, muss wissen, wie man die Wirklichkeit abbildet, ohne sie zu kontrollieren, welchen Ausschnitt man wählt, sodass ein wahrhaftiges, nachvollziehbares Abbild dieser Wirklichkeit entsteht.

Wahrhaftigkeit. In Zeiten von *Fake News, postfaktischen Informationen* und *scripted reality* scheint es viel zu bedeuten, dass es jemanden gibt, der das, was vor seinen Augen geschieht, unverstellt, mit fröhlicher Sachlichkeit, sorgfältig recherchiert abbilden und zusammenfassen kann.

Dafür sind ihm die Leute dankbar.

40
BESUCH VON EINEM ALTEN BEKANNTEN

Armins Büro wirkt hell, trotz des schwarzen Teppichs, der auch hier den ganzen Boden bedeckt. An der Stirnwand des Raumes ist ein Regal angebracht, das vom Boden bis zur Decke reicht und die gesamte Breite der Wand einnimmt. In dem Regal stehen Filmdosen, hunderte Filmdosen, die meisten sind aus matt silbern glänzendem Blech. Die runden Filmdosen stehen aufrecht wie Bücher im Regal, sodass man jede einzelne mühelos heraus nehmen kann, wenn man sich einen bestimmten Film am Schneidetisch angucken will. Es sind längst nicht alle seine Filme, die in dem Regal stehen, das Armin von seinem Schreibtisch aus sehen kann.

Das Fenster von Armins Büro steht offen.

«Seltene Gelegenheit. Musst de nutzen», murmelt der Spatz, fliegt hinein und landet oben auf dem Rand des Computerbildschirms.

Armin zeichnet etwas auf ein Blatt Papier, etwas technisches. Neben seiner Hand auf der hellen Tischplatte steht dieser runde schwarze Aschenbecher mit einer halb gerauchten Zigarette, die noch qualmt. Armin kann sich sehr konzentriert in seine Arbeit versenken. Er hat den Spatz überhaupt nicht bemerkt.

«Na!? Kennste mich noch?», fragt der Spatz.

Armin blickt auf, mit großen Augen: «Ach, Spatz! Du bist's. Ich dachte du ...»

Der Spatz fällt ihm ins Wort: «Hab' ick mir gedacht, das du sowas gedacht hast – gegen 'ne Fensterscheibe geflogen oder so. Neenee. Nicht totzukriegen!»

Armin fragt: «Und was machst du jetzt so?»

Darauf der Spatz: «Könnt ick dich ooch fragen. Muss ick aba nich'.»

Armin fasst mit zwei Fingern seine Zigarette, streift die Asche ab, nimmt einen tiefen Zug und drückt den Stummel im Aschenbecher aus. Er schiebt dem Spatzen seine Tasse mit kaltem Kaffee hin: «Willst du 'was trinken?»

«Nee du, lass mal,» lehnt der Spatz ab, «Ick muss auch gleich wieder los, wollte nur kurz fragen, wie's geht.»

HERR MAIWALD, DER ARMIN UND – WER IST WIR?

EIN NACHWORT VON HEIDRUN WILKENING

Meine erste Begegnung mit Armin Maiwald, dem jungen «FLASH»-Team, Kai und der Kamera war im Filmmuseum Potsdam. Wir bereiteten die Ausstellung zum 25. Geburtstag der SENDUNG MIT DER MAUS vor. In Köln wurde zusammengetragen, was ausgestellt werden könnte. Angekündigt war der Transporter vom WDR, kurz zuvor kam auch das Team und Kai filmte die Ankunft und wie wir die «Sachen» ausluden. Im Ausstellungsraum ließen sie eine Zeitraffer-Kamera da, ganz oben am Eingang fest installiert, machte sie gnadenlos Bilder von den Aufbau-Arbeiten. Es gab keine Vitrinen aus Glas. Die Architektin hatte sich ein großes, aus Holz gebautes, orangefarbenes Ausstellungssystem ausgedacht, das von oben wie ein liegendes «S» – wie **Sachgeschichten** – aussah. Vorn 250 cm hoch, hinten nur 110 cm. So war es auch ein Symbol dafür, dass in der Maus große Dinge klein und kleine Dinge groß werden. Mit den Bildern der Zeitrafferkamera konnte dann schnell gezeigt werden, was lange gedauert hat. Auf der einen Seite wurden die Lachgeschichten vorgestellt, auf der anderen die **Sachgeschichten**. Diese **Sachgeschichten** begründen den Erfolg und die Langlebigkeit der SENDUNG MIT DER MAUS. Die Maus ist eine Zeichentrickfigur, von ihr gab es Zeichnungen auf durchsichtigen Folien. Und das Denkmal aus Marmor.

Was aber konnte ausgestellt werden von den Bildern aus der Wirklichkeit? Objekte und Modelle aus Filmen. Verschiedene Phasen der Produktion eines Löffels oder einer Dose. Für die **Sachgeschichten** werden diese einzelnen Phasen eines Produkts – zum Beispiel eines Löffels – einzeln und nacheinander fotografiert. Diese Bilder werden «Stills» genannt, sie zeigen deutlich, was in der Fabrik nicht eindeutig zu erkennen ist. Armin sucht eindeutige Bilder. Und wenn es diese eindeutigen Bilder in der Wirklichkeit nicht gibt, werden oft Modelle gebaut. Einfache Modelle bauen Armin oder das Team selbst. Kai beschreibt das an dem Kranmodell. Manche Modelle sind durchsichtig. Es gab witzige Requisiten wie den «Gipsarm» aus der Sachgeschichte Heftpflaster, der Geschichte, in der gezeigt wird, dass Pflaster nicht an Bäumen wachsen. Gezeigt wurde der Salzklumpen aus der Geld-Maus, der Pullover und das Modell des Zimmers aus der Nachkriegs-Maus.

«Wir sind die Maus» lautete das Motto zum 30. Geburtstag der SENDUNG MIT DER MAUS im Jahr 2001. Das «Wir» meinte nicht nur die vielen Mitarbeiter und Produktionsgruppen der Maus, zu denen auch das FLASH-Team gehört, sondern auch alle Zuschauer und Einrichtungen, die ihren Teil zur Maus beitragen. In verschiedenen Städten stellten sich – nach ganz genauer Planung – jeweils ca. tausend Kinder zu einem großen Maus-Bild auf. Die Kamera schaute wieder ganz von oben. Produziert wurde der größte Trickfilm der Maus.

«Türen auf für die Maus» hieß es 2011 zum 40. Geburtstag – das Motto feierte, was die **Sachgeschichten**-Macher schon immer tun, dahin gehen, wo Kinder sonst nicht hinkommen. 2016 zum «Türöffner-Tag» wurden endlich auch die Türen zur Maus geöffnet. In einem Maus-Spezial wurde gezeigt, wie «DIE SENDUNG MIT DER MAUS» entsteht und wie **Sachgeschichten** produziert werden. Kai in einem Gully-Loch unter einem Auto, er dreht, wo ein Katalysator angebracht ist. Armin erklärt den Trick dabei.

Im Januar 2015 erschien Armin Maiwalds Buch *Aufbau vor laufender Kamera – Geschichten aus meinem Leben*. «Vorweg» schrieb er, dass auch Kai, sein Kameramann, daran schuld sei, dass er dieses Buch geschrieben hat.

Armin Maiwald hat Theaterwissenschaft studiert und ist von Siegfried Mohrhof – seinerzeit Leiter des Nachmittagsprogrammes im WDR Köln – davon «abgehalten» worden ein Filmstudium anzuschließen. Er gab ihm dafür 1965 die Chance als Regisseur (mit 25 Jahren und einem vertrauten Team) Filme für Kinder und Familien zu machen. Gemeinsam mit Gert K. Müntefering – dem Leiter des Kinder- und Familienprogrammes – entwickelten sie das Format der **Sachgeschichten**.

Nun liegt Kais Buch vor und Armin hat ein «Vorwort oder: Die andere Seite derselben Medaille» geschrieben.

«Herr Maiwald, der Armin und wir» ist mehr als ein Perspektivwechsel.

Die Erzählungen von Kai von Westerman, dem Kameramann, machen auch seine ganz persönliche Sicht auf die Wirklichkeit nachvollziehbar. Seine Kindheit war nicht geprägt von Krieg und Mangel wie die Kindheit von Armin Maiwald. Der erinnert sich mit 75 Jahren noch genau an die grüne Ölfarbe des Gartenhäuschens, in der der Großvater für den kleinen Armin eine Holzeisenbahn gebaut hatte und wann er das erste Radio sah.

Andere Erlebnisse, Figuren und Stimmen haben die Lebensgeschichte von Kai beeinflusst. Viele dieser Erlebnisse kamen aus dem Fernsehen. Da ist Kai kein Einzelfall. Die Besonderheit ist, dass er diesen Prägungen gefolgt ist.

Kai hat sich als Kind eine Kamera aus Pappe gebastelt, gespielt hat er mehr mit dem Colt. Seit Jahrzehnten «schießt» er nun mit der Kamera die wichtigen Bilder aus der Wirklichkeit für den Regisseur, dessen Filme er als Kind gesehen hat.

Wenn Kai die Kamera führt, ist sie nicht objektiv und gnadenlos, sondern – wie er selbst schreibt – ein teilnehmender Beobachter.

So wie der Spatz aus dem Fernsehen der Kindheit ihn sein Leben lang begleitet hat, so begleiten die **Sachgeschichten** aus der SENDUNG MIT DER MAUS nun schon seit 50 Jahren Generationen von Familien. Zum 50. Jubiläum konnten Kinder ihre Zukunftsvisionen einschicken und eigene kleine Videos drehen. In den ZEITREISEN MIT DER MAUS zeigten Armin Maiwald, Christoph Biemann, Ralph Caspers Filme aus fünf Jahrzehnten – im Dialog mit jungen Moderatorinnen, die schon mit der SENDUNG MIT DER MAUS aufgewachsen sind. Alle sagen «wir – von der Maus». Hinter der Maus stehen viele.

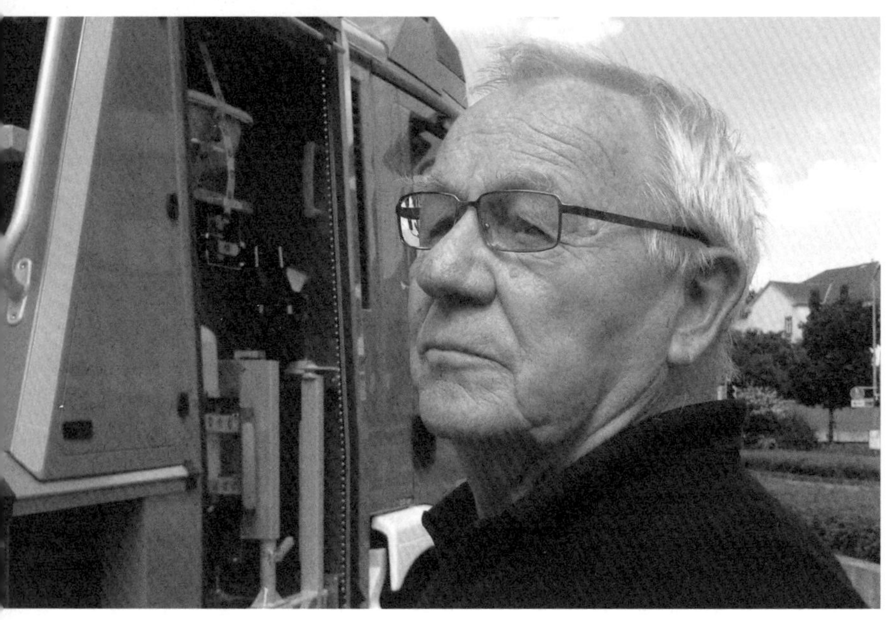

Armin Maiwald

ABSPANN

«Viele Köche verderben den Brei», erklärte Armin trocken, «deswegen sag' ich nicht so viel dazu.»

Wir saßen bei «FLASH» um den runden Tisch im Foyer und sprachen über dieses Buch. Armin, Anna-Lena Vogel, Carolyn Glabek und Peter Torringen hatten sich in den vergangenen Wochen Zeit genommen, um eine oder sogar zwei verschiedene Versionen meines Manuskriptes zu lesen. Kritisch und gerade heraus haben sie manche Einzelheiten ausführlich mit mir besprochen oder sogar diskutiert. An den Gesprächen mit ihnen ist das Manuskript gewachsen.

Darüber hinaus erklärten sie sich bereit, ihre Arbeitsfotos zur Verfügung zu stellen.

Jan war bei dieser Runde nicht dabei. Trotzdem habe ich ihm zu danken, denn ohne sein Zutun wäre es nicht dazu gekommen, dass ich als Kameramann für «FLASH Film» arbeiten kann.

Natürlich brauchte mein Manuskript auch Leser, die nicht alle Geschichten schon kannten. Eine frühe Version des Textes bekamen Michaela Lohmer und Olav Zachau. Diesen beiden verdanke ich erste Hinweise, wie meine Erzählungen überhaupt wirken. Danach musste ich mein Konzept vollständig ändern.

Am Ergebnis las sich Rita Roscher beinahe fest, obwohl sie eine dringende Arbeit zu erledigen hatte. Kurzerhand schickte sie den Text per E-Mail ihrem Mann, der auf einer langen Reise mit der Bahn unterwegs war. Bernhard Roscher arbeitete den Text auf seinem Laptop durch, versah ihn mit gezielten

Fragen und pointierten Anmerkungen, sowohl zu Rechtschreibung und Grammatik als auch zu inhaltlichen Belangen. So sorgten die Roschers für einen erheblichen Schub der Arbeit in Richtung Endfassung.

Gleichzeitig stöberte ich in meinem Archiv nach älteren Arbeitsfotos und fand auch Bilder, die Philipp Abresch und Stephan M. Neuhalfen fotografiert hatten. Nach kurzer Rückfrage stellten sie ihre Fotos gerne für dieses Buch zur Verfügung.

Zum Glück hat ganz am Schluss die versierteste Forscherin zur Geschichte der SENDUNG MIT DER MAUS, Heidrun Wilkening, mir noch wichtige Hinweise gegeben und dann auch noch ein Nachwort verfasst.

Den härtesten Job bei diesem Projekt hatte meine Frau Agnieszka Karaś. Sie saß zwischen allen Stühlen, denn sie kannte alle Geschichten und viele der Beteiligten. Gleichzeitig musste sie sich in einen fremden Leser hineinfühlen. Sie ist selbst Autorin und Übersetzerin. Deshalb nimmt sie die Bearbeitung von Texten äußerst genau. Zwei Tage lang hat sie mit mir am Esstisch jedes einzelne Kapitel Abschnitt für Abschnitt durchgekaut. Nach dieser Prozedur war ich ziemlich erschöpft und konnte nur noch auf allen vieren zurück an meinen Schreibtisch kriechen, um ihre plausiblen Anmerkungen in meine Erzählungen einzuarbeiten. Obendrein musste sich meine Frau ständig meine ganzen Zweifel anhören. «Wenn du diese Arbeit jetzt nicht machst, wirst du dir eines Tages in den Hintern beißen», ermahnte sie mich. Regelmäßig rief sie in Warschau an und unterrichtete ihren Vater Romuald Karaś über den Stand meiner Arbeit. Der alte Schriftsteller hörte sich das schmunzelnd an und übermittelte manchen guten Ratschlag.

Ohne diese Mitstreiter wäre das vorliegende Buch nicht entstanden.

Dafür sage ich: Danke! Dziękuję! Hoffentlich darf ich das nächste Projekt auch mit Euch zusammen machen.

Kai von Westerman

ANHANG

LISTE DER FILM-/ SERIENTITEL VON ARMIN MAIWALD

(im Text genannt oder damit in Zusammenhang stehend; Produktionsjahr und Zugänglichkeit)

DIE JAGD NACH DEM BUNYIP (1985)
KEIN TAG WIE JEDER ANDERE/ ANNETTES ERSTES BIWAK (1981)
MIT ARMIN UNTERWEGS / AUF DER SUCHE NACH DER KINDHEIT (2019; YouTube 9.3.2021)
ROBBI, TOBBI UND DAS FLIEWATÜÜT (1972, DVD)
SCHLAGER FÜR SCHLAPPOHREN (1967–1972)
DER SPATZ VOM WALLRAFPLATZ (1969–1976, DVD)
STERNSINGER 2011 – KINDER ZEIGEN STÄRKE (YouTube, zuletzt abgerufen am 9.3.2021)
STRASSE DER ROMANIK (1993)
DER UNMÖGLICHE AUFTRAG (1985, Pilotfilm für DIE GEHEIMNISSE DER SEVERINSTRASSE)
LINDENSTRASSE – IHRE NEUEN NACHBARN (1985; YOUTUBE, ZULETZT ABGERUFEN AM 9.5.2021)

Aus der SENDUNG MIT DER MAUS

Das Datum hinter den Internetadressen oder der Angabe «YouTube» weist auf das Datum des letzten Abrufes hin. *BdSg = Bibliothek der Sachgeschichten* (DVD-Edition mit Sachgeschichten der FLASH Filmproduktion, abrufbar unter: www.sachgeschichten.com)

ATOMMAUS (2011, www.wdrmaus.de/filme/sachgeschichten/..., 21.3.2021, DVD BdSg A2)
ATOM-SPEZIAL (2011, DVD BdSg A2)
AUSTRALIEN – BUMERANG (1984, YouTube, 11.3.2021)
AUSTRALIEN – COOBER PEDY (1984, YouTube, 11.3.2021, DVD BdSg C1)
AUSTRALIEN – EUKALYPTUS (1984, YouTube, 11.3.2021, DVD BdSg E3)
AUTOBAU (2000, www.wdrmaus.de/filme/sachgeschichten/..., 9.3.2021; DVD BdSg A4)

Blumenuhr (1996, DVD BdSg Z5)
Brötchen (1970, ARD-Mediathek, 9.3.2021)
Dampflok (2003, DVD BdSg D2)
Drehleiter, alt (1976/93, DVD BdSg D1)
Feuerwehrauto, Bau (2017, www.wdrmaus.de/filme/sachgeschichten/..., 9.3.2021, DVD BdSg F10)
Flugzeugbau (1999, DVD BdSg F4)
Flugzeugstart (1997, DVD BdSg F5)
Die Geschichte des Geldes (1994, YouTube, 9.3.2021, DVD BdSg G2)
Heftpflaster (1994, DVD BdSg A7)
Im Auto hinten sitzen (1975/2021, www.wdrmaus.de/maus50/frueher_heute_geschichten.php5, 9.3.2021)
Innenleben – Dünndarm (1993, DVD BdSg I/J1)
Kartoffel-Spezial (2006, DVD BdSg K7)
Die Krone des Hieron (1994, DVD BdSg M4)
Kuhfladenroulette (1993)
Löffel (1971, YouTube, 9.3.2021)
Making of «Die Sendung mit der Maus» (2016, www.wdrmaus.de/filme/sachgeschichten/making-of-maus.php5)
Moskau-Spezial (1997, DVD BdSg M8)
Müll von 66 Familien (1975/2021, YouTube, 9.3.2021; www.wdrmaus.de/maus50/frueher_heute_geschichten.php5, 9.3.2021, DVD BdSg M1)
Offshore-Windpark (2015, www.wdrmaus.de/filme/sachgeschichten/..., 9.3.2021, DVD BdSg O4)
Passivhaus (2005, www.wdrmaus.de/filme/sachgeschichten/..., Zuletzt abgerufen am 9.3.2021, DVD BdSg P4)
Rom-Spezial (1995, DVD BdSg R2)
Rückstrahler (Speichenreflektor, 1994, YouTube, 9.3.2021, DVD BdSg R3)
Schiffbau (1997, YouTube, 9.3.2021, DVD BdSg S5)
Schuh (1971, DVD BdSg S13)
Steinzeithaus (1997, YouTube, 9.3.2021, DVD BdSg S3)
Tankwart (1974/2020, www.wdrmaus.de/maus50/frueher_heute_geschichten.php5, zuletzt abgerufen am 9.3.2021)
Warum fliegt ein Flugzeug? (2012, YouTube, 9.3.2021,)
Warum kippt ein Kran nicht um? / Kran kippen (2020, www.wdrmaus.de/filme/sachgeschichten/kran_kippen.php5, 9.3.2021)
Wie kommen die Löcher in den Käse? (1990, YouTube, 9.3.2021, DVD BdSg K1)
Zange (1975/2019, www.wdrmaus.de/filme/sachgeschichten/..., 9.3.2021, DVD BdSg Z4)
Zuckerwürfel (2001, YouTube, 9.3.2021, DVD BdSg Z4)

Sonstiges

Lokomotywa von Julian Tuwim (1938, siehe: lokomotywa.avi-YouTube, in polnischer Sprache, zuletzt abgerufen am 24.3.2021), auf Deutsch in der Übersetzung von James Krüss erschienen unter dem Titel *Die Lokomotive*. Das hier verwendete Zitat wurde vom Autor frei übersetzt.